注文をまちがえる料理店

THE RESTAURANT OF ORDER MISTAKES

小国士朗

あさ出版

Prologue

注文を
まちがえる
料理店

THE RESTAURANT OF ORDER MISTAKES

が
できるまで

●「間違える」ことを楽しむ料理店

「注文をまちがえる料理店」へようこそ。

この少し風変わりな名前のレストランに興味を持っていただき、ありがとうございます。

この料理店を企画した、小国士朗といいます。

今から、この料理店についてお話をしていくのですが、まずはみなさんに知っておいていただきたい、この料理店ならではの特別な〝ルール〟をお伝えしておこうと思います。

「このお店では、注文した料理がきちんと届くかは、誰にもわかりません」

そんなことをいうと「ふざけるな！　そんなレストランがあってたまるか！」と、怒り出す方がいらっしゃるかもしれませんね。

いえいえ、だからこそ「注文をまちがえる料理店」という看板を掲げているのです。

おっと、これも伝えておいたほうがいいですね。

「このレストランで注文を取るスタッフは、みなさん認知症の状態にあります」

認知症の状態にある方が注文を取りにくるから、注文を間違えてしまうかもしれない。だから、頼んだ料理がきちんと届くかどうかは、誰にもわからない、というわけです。

でも、〝そんな間違えを受け入れて、間違えることをむしろ楽しみましょう〟というのが、この料理店のコンセプトです。

――こんな説明をすると、「え……そんなことできるの？　いや、そんなことやって大丈夫なの⁉」と不安に思ったり、戸惑う方がいらっしゃるかもしれません。

そうですよね。僕も大いに不安になりました。

企画した本人が不安なのですから、その戸惑い、よくわかります。

それでも僕は、思い切ってやってみることにしました。

「注文を間違えちゃうかもしれない料理店……それ絶対に見てみたい！」という自分の中に生まれた衝動を、どうしても抑えきれなかったからです。

●ハンバーグが餃子になった⁉

ここで話は、2012年までさかのぼります。

僕は普段はテレビ局でディレクターをしているのですが、認知症介護の世界で〝異端児〟と呼ばれる、和田行男さんが統括マネジャーをつとめるグループホームを取材していたときに、一つの「間違い」を経験したのです。

和田さんは「認知症になっても、最期まで自分らしく生きていく姿を支える」ことを信条にした介護を、30年あまりにわたって実践してきたパイオニアの一人です。

このグループホームに入居している方々は認知症の状態にありますが、買い物も料理も掃除も洗濯も、自分ができることは、できる範囲ですべて自分たちでやります。

ある日の午後。

ロケの合間にちょくちょく、入居者のおじいさん、おばあさんの作る料理をごちそうになっていたのですが、その日のお昼ごはんは強烈な違和感とともにはじまりました。

というのも、聞いていたその日の献立はハンバーグ。

でも、食卓に並んでいるのはどう見ても餃子です。

ええと、ひき肉しかあってない……けどいいのかな……？ うーん……？？？

頭の中に？マークが並び、のど元までこみ上げた「あれ？ 今日はハンバーグでしたよね？」という言葉を飲み込みました。

「これ、間違いですよね？」——そのひと言によって、和田さんたちとおじいさん、おばあさんたちが築いている、この〝あたりまえ〟の暮らしが台無しになってしまう気がしたのです。


ハンバーグが餃子になったって、別にいいんですよね。

誰も困らない。間違えたって、おいしければ、なんだっていい。

それなのに「こうじゃなきゃいけない」という〝鋳型《いがた》〟に、認知症の状態にある方々をはめ込んでしまえば、どんどん介護の現場は息苦しく窮屈になっていく。

そしてそんな考え方が、従来型の介護といわれる「拘束」や「閉じ込め」につながっていくのかもしれない。そんなふうに感じたのです。

そういう介護の世界を変えようと、日々闘っている和田さんの現場を取材しているはずの自分が、たかだか、ハンバーグが餃子になったくらいのことに、なぜこだわっているんだ……と、ものすごく恥ずかしくなりました。

そして、その瞬間でした。

突然「注文をまちがえる料理店」というワードがぱっと浮かんだのです。

●「間違えちゃったけど、ま、いいか」

そのときはあまり意識していませんでしたが、モチーフとなったのは宮沢賢治の「注文の多い料理店」なんだと思います。

あるいは、和田さんから「家の近所に、何度伝えても注文を〝間違え〟、その上お会計まで〝間違える〟お好み焼き屋があるから、今度行こうや」と、たびたびいわれていたのがすり込まれていたのかもしれません。

いずれにせよ、一種のことば遊びみたいなものですよね。

しょうもないといえばしょうもないのですが、僕は異常なまでにこのワードに興奮しました。と、同時に頭の中に映像がぶわっと流れはじめたのです。

この料理店で働くのは、認知症の状態にある人たち。

注文を取りにきてくれて、僕はハンバーグを注文するのですが、出てきたのは餃子。

でも、この料理店は最初から「注文を間違える」といっているわけですから、僕は怒らないだろう。間違われても嫌じゃない。

いや、むしろ餃子が出てきたことを、楽しんじゃっているかもしれない。


映像はここまででしたが、これは相当おもしろいんじゃないかと直感的に思いました。

もちろん、この料理店で認知症に関するさまざまな問題が、解決するわけではありません。

でも、間違えることを受け入れて、間違えることを一緒に楽しむ。そんな新しい価値観をこの料理店から発信できたら……と思うとなんだか無性にワクワクしたのです。

そんな自分の中のワクワクを抑えきれずに、２０１６年の11月から、本格的に仲間を集めはじめました。

「〝注文をまちがえる料理店〟というのをやりたいんですけど……」と話して回ったところ、なんと2か月あまりで、和田さんをはじめデザインやＰＲ、デジタル発信やクラウドファンディングの専門家、テレビ局の記者や雑誌の編集者、そして外食サービスの経営者などなど、各分野の最高のプロフェッショナルたちが集結。

アッという間に「注文をまちがえる料理店実行委員会」が発足したのです。

僕にとっての5年越しのプロジェクトが、わずか半年あまりで大きく動きはじめました。

●そして、とんでもない反響が……

「注文をまちがえる料理店」は、2017年6月3日、4日の二日間限定で、東京都内にある、座席数12席の小さなレストランを借りて、試験的にプレオープンすることになりました。

〝試験的〟としたのは、こういうコンセプトの料理店が、世間に受け入れられるのかどうかを、まずは見極めたかったからです。

ですから、予算もめいっぱい抑えて、和田さんの介護業界の仲間などから集めたカンパをもとに、看板やメニューなど必要最低限のものだけを制作。ホールで働く認知症を抱えるスタッフは、和田さんの介護施設から気だてよし、やる気ありの6人を選んでもらいました。

そして、お客さまも実行委員会のメンバーの友人・知人を招くだけの、ひっそりとしたプロジェクトになるはず……だったのですが、これが思いもよらない、とんでもない反響を呼ぶことになりました。

「注文をまちがえる料理店」オープン初日の6月3日。

まずは実行委員会のメンバーで、テレビ局の記者・キャスターでもある鈴木美穂さんのFacebook の投稿が一気に拡散。

ふらりと遊びに来てくれた、医療ジャーナリストの市川衛さんの記事が、日本最大級のポータルサイト Yahoo! JAPAN に掲載されると、アッという間に世界中でシェアされました。

そして二日目の6月4日。招待客の一人で、社会貢献プロジェクトを紹介するメディアを運営する、NPO法人 soar の代表工藤瑞穂さんが Twitter でこんなつぶやきを投稿しました。

注文を
まちがえる
料理店
OPEN!
工藤瑞穂（soar編集
フォローする
@mimimizuho
認知症のひとたちが働く「注文をまちがえる料理店」のプレオープンに行って来ました(^^)
ジュンヤくんはおばあちゃんにハンバーグを注文したんだけど、見事に餃子が来て大笑いしました笑
13:30 - 2017年6月4日
291
84,768
160,455

認知症のひとたちが働く「注文をまちがえる料理店」のプレオープンに行って来ました（^^）ジュンヤくんはおばあちゃんにハンバーグを注文したんだけど、見事に餃子が来て大笑いしました　笑（原文ママ）

このつぶやきが、瞬く間に拡散し、その日の夜のYahoo! JAPANの急上昇ワード（Twitterのリアルタイム検索）で1位を獲得。

いつもであれば、NHKの大河ドラマや日本テレビの『世界の果てまでイッテQ!』といった、人気テレビ番組に関連するキーワードが並んでいるはずなのに、なぜかこの日は誰も知らない謎のワード「注文をまちがえる料理店」が居座り続けました。

そして、翌6月5日からは、連日のようにテレビ各局、新聞、雑誌からの取材依頼が殺到する事態に。

その勢いはとどまる所を知らず、ついには中国、韓国、シンガポール、イギリス、ドイツ、フランス、スペイン、ノルウェー、ポーランド、アメリカなど世界20カ国を超えるメディアから、「注文をまちがえる料理店」を、自国で紹介したいとの連絡が次々と届いたのです。

こんなことになるとは、まったくもって想定外です。

僕はこれまで十数年テレビの世界に身を置き、多くの人を取材して番組を作ってきたのですが、情けないことに、いざ自分が取材される立場になると、おたおたしてしまうばかり。

ついには、まったくさばききれない取材依頼のメールを前に、「どうしてみんなこんなにも、

その笑顔にみんなもほっこり

〝注文をまちがえる料理店〟に興味を持つんだよぉ……」と頭を抱える始末です。

でも、あるときふっと理解することができました。「あぁ、これがみんなを惹きつけるのか!」と。

前出の医療ジャーナリスト、市川さんの記事の中で使われていたのが上の写真です。

ここには、お客さまのところに注文を取りにいった、認知症の状態にある秀子さんの姿がうつっています。

でもこのとき、秀子さんは「自分は何をしにきたんだっけ……」と、注文を取りにきたことを忘れてしまっていたのです。

すると、お客さまから「注文を取りにきたんじゃないんですか?」と、助け舟が入ります。

秀子さんは「あらあら、そうだったわね」とふふふと笑顔。

その茶目っけたっぷりの笑顔につられるように、お客さまの顔にも満面の笑みが浮かびます。

この写真が切り取った、やわらかな空気と優しいストーリー。

これこそが「注文をまちがえる料理店」が目指していた世界そのものでした。

忘れちゃったけど、
間違えちゃったけど、
まあいいか。

そういえるだけで、そういってもらうだけで、その場の空気がふっと優しいものに変わる。

その優しい空気感が、世界中の人々を惹きつけたのかもしれません。

●はっきりいって、めちゃくちゃ！　でも、お客さまは楽しそう

おっと。

肝心なことをまだお話ししていませんでしたね。

「注文をまちがえる料理店」の中で、どんなことが起きているのか、少しだけ触れておきましょう。

これがかなりぶっ飛んでいて、なかなか刺激的。音楽にたとえるなら、完全にロック系です。

たとえば、お客さまにお水を二つ出すのは普通。サラダにスプーン、ホットコーヒーにストローがついてくることもあります。


そして、注文を取る際、お客さまから聞いた注文を間違わないようにと、僕たちが結構苦労して作ったオーダー票。

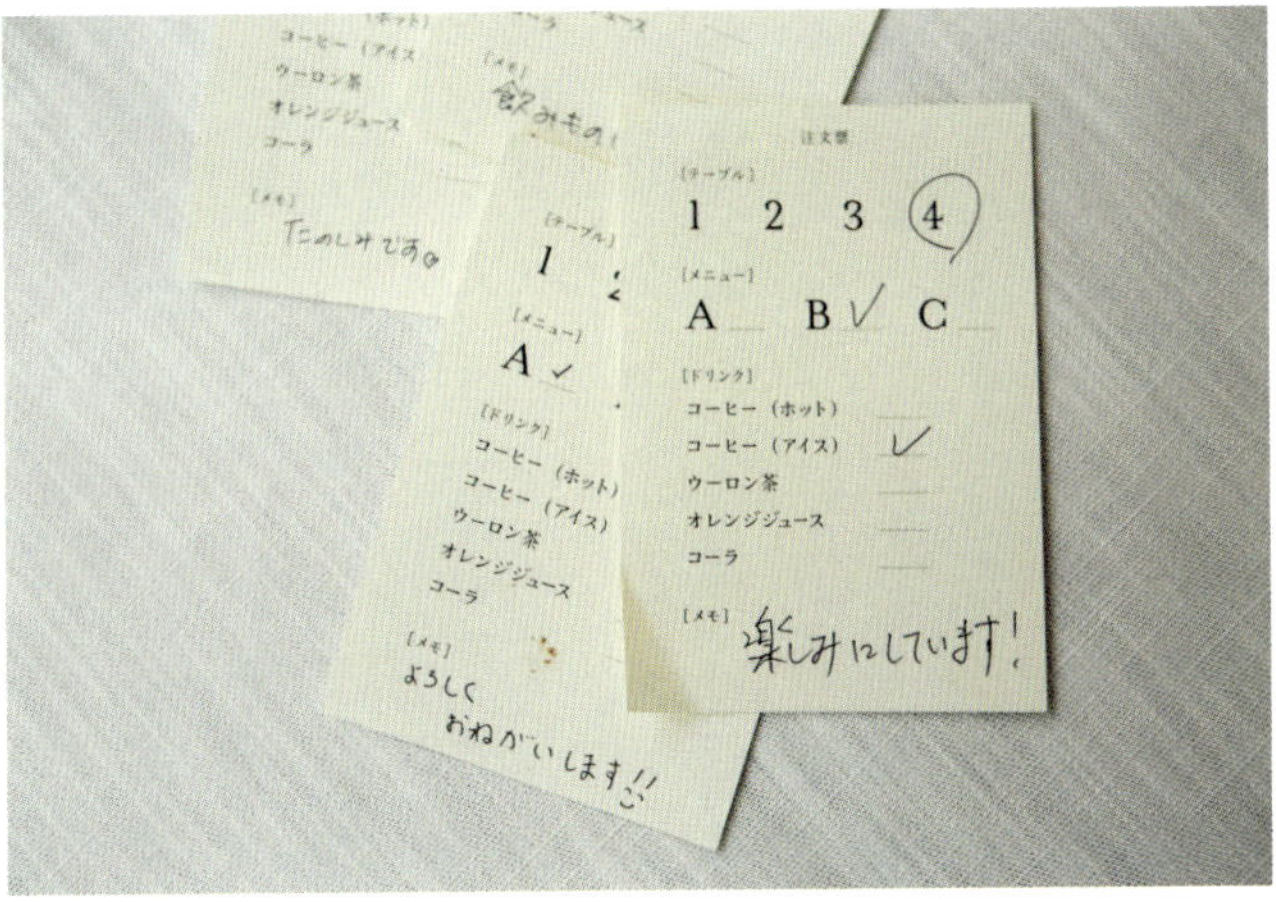

結構苦労して作ったオーダー票

当日のメニュー（ところどころ文字が……！）

メニューは国内有名企業の3社が、この料理店のために開発してくれた、

A「スペシャルきまぐれピザ」
B「ハンバーググリル 牛バラシチュー」
C「ぷっくり手包みエビ入り水餃子定食」

の3種類に限定。

そこに注文を受けた数だけ、書き入れればOK！　という形にしたのですが――。

おばあさんたちはそのオーダー票をすっかりそのまま、お客さまに渡して書かせてるじゃないですか。

「あぁ、その手があったか、それなら間違わないですね！」と思ったら、さっそくハンバー

メニューを見せ、オーダー票も渡している!!

ぷっくり生地にフレッシュな具材がたくさんのったピザ

グを頼んだお客さまに餃子を出しています。

テーブル番号もしっかりわかるように、テーブルの上に番号札を立てて明示しているのに、そんなこともおかまいなし。

僕の目の前を、おばあさんは堂々と間違えた料理を違うテーブルに配膳。

さらに、レストランの入り口に立てかけられた「注文をまちがえる料理店」の看板を見て、「注文を間違えるなんて、ひどいレストランだね」と笑い飛ばすおばあさんまで。

いえいえ、それはあなたが……というツッコミをぐっとこらえる僕。


はっきりいって、むちゃくちゃです。でたらめな料理店です。

それなのに、やっぱりお客さまがみんな楽しそうなのです。

注文を取るのかなと思ったら、昔話に花を咲かせてしまうおばあさんとそのまま和やかに談笑したり。間違った料理が出てきてもお客さま同士で融通しあって、苛立《いらだ》ったり、怒ったりする人は誰もいません。

あちこちで、たくさんのコミュニケーションが生まれ、なんとなく間違っていたはずのことがふんわり解決していくのです。

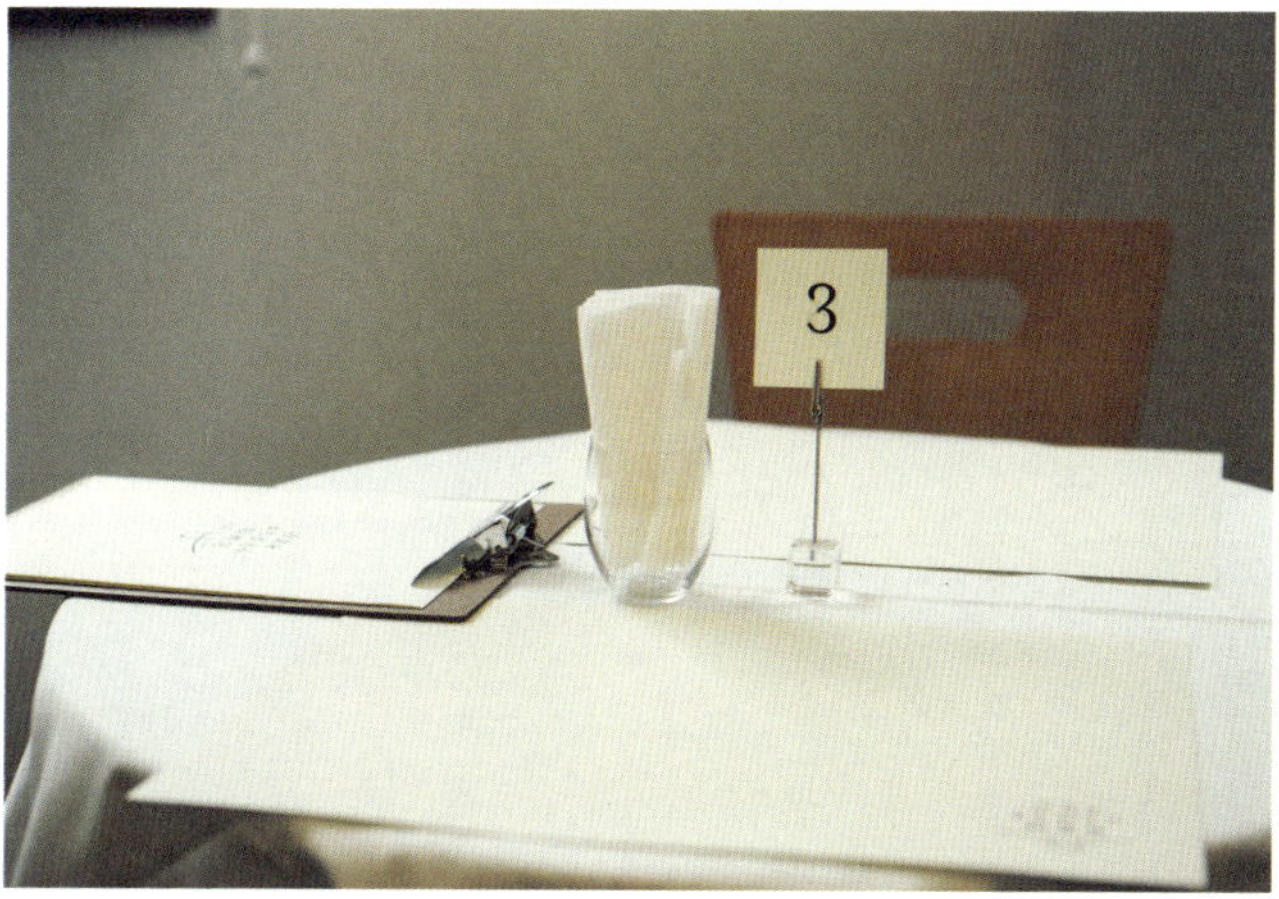

テーブルの上には番号札も

手ごねハンバーグに牛すじ肉がトッピングされた
ボリュームたっぷりのグリル

ちなみに。万が一にも事故が起きないようにし、認知症の状態にある方々の不安感をできる限り取り除くために、和田さんが統括マネジャーをつとめる介護施設で、いつも顔をあわせている優秀なマネジャークラスの7人が、料理店にはりついてくれました。

さらに、場所を提供してくださったレストランのご厚意で、横になれる休憩室も用意。万全のサポート体制をしいて二日間運営し、働いていただいた認知症を抱える方には、一日に3000円の謝礼をお渡ししました。

●「また、ぜひ来たい！」

こうして、二日間だけのプレオープンが無事に終わりましたが、その成果は僕たちの想像を上回るものでした。

お客さまにお願いしたアンケート結果を見ると、60％以上のお客さまのテーブルで間違いがあったことがわかりました。

しかし、そのことで腹を立てたり、不快に思ったという人はおらず、90％が「またぜひ来店したい」と答えてくれたのです。

「注文をまちがえる料理店」に関する記事は、社会福祉先進国のノルウェーでもとりあげられ、その中で公衆衛生協会のこのようなコメントがありました。

「この日本のアイデアは、重要な点を示しています。それは、認知症を抱えている多くの人は、周囲から受け入れられ、理解されさえすれば、普通の社会生活に参加できるのです。大切なことは、認知症の人を過小評価しないということです。多くの人が、さまざまな方法で社会に貢献することが可能なのです。

認知症を抱える人とふれあうとき、ほんの少しいつもより時間をかけ、理解しようという優しさと思いやりがあれば、みなさんの方

大きなエビがもちもちの皮につつまれた水餃子

が大切な何かを得ることになるでしょう。

認知症を抱える人も一人一人異なります。一人一人を個人として理解することが大切なのです」

（ノルウェー公衆衛生協会　Lisbet Rugtvedt 氏）

たった二日間、東京の片隅でひっそりとオープンした「注文をまちがえる料理店」は、立場を越え、世代を越え、国境を越え、認知症のあるなしも越えて、広がっていきました。

この不思議な名前のレストランが、多くの人の心に残した〝大切な物語〟、そしてこれから生みだそうとしている〝新たな物語〟を、少しずつお話ししていければと思います。

「注文をまちがえる料理店」へ、ようこそ！

ようこそ！「注文をまちがえる料理店」へ

Contents

Prologue

「注文をまちがえる料理店」ができるまで

第Ⅰ部

「注文をまちがえる料理店」で本当にあったものがたり

第Ⅱ部

「注文をまちがえる料理店」のつくりかた

〝強烈な原風景〟になったのはなんてことない普通の光景だった!?

何かを失って、何かを得る――あのとき思った〝いつか〟が来た

最高のクオリティで実現するために〝粋な仲間〟を集めよう！

僕たちが大事にしようと決めた「三つのルール」

編集協力（第Ⅰ部）／玉置見帆
イラスト／須山奈津希
写真／工藤瑞穂（p11）
市川衛（p13）
森嶋夕貴（p15、17、19、21、23、153）
小国士朗（p215）

※第一部Story①、③、④、⑤、⑦、⑧、⑨については、認知症を抱えるホールスタッフをサポートした、介護施設のスタッフへのインタビューをもとにものがたりを構成しました。また一部に仮名も含まれています。

第Ⅰ部

注文をまちがえる料理店

THE RESTAURANT OF ORDER MISTAKES

で本当にあったものがたり

Story ❶

ヨシ子さんのものがたり

働くことができる喜び

福祉チームのサポーターさんから

「注文をまちがえる料理店」の営業時間は、11時から15時までのたった4時間。

普通のレストランと比べれば短く、私たち介護施設の職員も福祉チームのサポーターとしてサポートしますが、認知症の状態にある方にとっては、けっして楽な仕事ではありません。

人にもよりますが、認知症はその状態が進行すると、疲れやすくなる場合があります。

たとえば、私たちは、

「1足す1は？」

と聞かれたら、すぐに「2」と答えられます。

認知症の状態にあると、この「2」という答えが「わかるはず」という思いはあるのに、すぐには出てこなかったり、考えてもわからなかったりするのです。

わかってあたりまえのことがわからないから、普通なら気を使わないところにも、いつも神経をはりめぐらせています。

だから余計に緊張してしまい、心も体も疲労感がひどくなる。

ですから、「注文をまちがえる料理店」では、負担にならないように交代制をとることにしていました。それでも、見知らぬ場所へ行ったり、そこで見知らぬ人と会話をしたりすることは、とても疲れるだろうと想像できました。

ところが、驚いたことにヨシ子さんは一日4時間を丸二日間、休まず働き続けたのです。

「疲れてない？　休みをとってもいいんですよ」

と声をかけると、

「これくらいで疲れてどうするの。私、美容師だからね。立ち仕事には慣れてるのよ」

と、こちらが叱られてしまいました。


ヨシ子さんは九州生まれの74歳。

郷里の九州で長年にわたって美容師をされていたことは、ご本人に前々から聞かされていました。腕とセンスを磨こうと、京都や東京に出てくるなど、行動力のある自立した女性だったようです。

都内の有名な結婚式場で、花嫁さんの髪を結う仕事をしていたこともあり、一日に何件もこなしていたのだと、誇らしげに教えてくれました。

「花嫁さんには一生に一度のことでしょう。緊張するし、大変な仕事だけど、とても好きだったの。きれいになったと喜んでもらえることが、私はすごく好きだったのよ」

プライドと誇りをもってお仕事をしてきたのです。

「注文をまちがえる料理店」のお話を聞いたとき、ぱっと思い浮かんだのは、そんなヨシ子さんのお顔でした。

「注文をまちがえる料理店」のオープン当日、ヨシ子さんの働きぶりには誰もが目を見張りました。接客業の経験があるだけに言葉遣いも丁寧ですし、対応にも品があって、とても慣れた様子でした。

もっとも、間違えないわけではありません。

お料理を運ぶテーブルを間違えたり、お水を二つ出してしまったりすることは、何度もありました。

ただ、ヨシ子さんにとって重要だったのは、間違えるか、間違えないかより、「仕事ができる」という事実だったのでしょう。

認知症と診断され、仕事を離れ、介護施設（グループホーム）という枠組みの中で過ごすようになってからも、ヨシ子さんの胸の奥には「仕事をしたい」という思いが、ずっとくすぶっていたのかもしれません。

それまでの日々を、緊張感と充実感をもってお仕事されていたヨシ子さんには、人に喜んでもらえる仕事ができないことへの、ふがいなさがあったのかもしれません。

「私はまだまだできるのよ」

そんなヨシ子さんの思いが、「注文をまちがえる料理店」で働くことによって満たされたように感じられました。

自分が満ち足りているときは、人に対して寛容になれます。

ヨシ子さんは「注文をまちがえる料理店」で働いた経験を通して、

「まだまだ私も人の役に立つことができる」

と気づき、心に余裕が生まれたように見えたのです。

でも、実はちょっぴり驚かされた変化もありました。

ヨシ子さんは認知症の状態にあるとはいえ、それほど進行しておらず、まだまだしっかりされているので、これまでもときどき、一人で図書館へ本を借りに行かれることがありました。

とはいえ、本当に一人で行くわけではありません。

「ヨシ子さん、もう出ました？」

「今、出ていったよ。じゃあ、あとはよろしくね」

「わかりました。行ってきます」

そうです。必ずこっそり職員がついていくのです。

でも、ヨシ子さん自身はそのことを知りません。

また、出かけるときにはいつも事前に伝えてくれていたので、一人で勝手にふらりといなくなってしまう心配もしていませんでした。

ところが、「注文をまちがえる料理店」で働いたあとの、とある日。

「ちょっと、ヨシ子さん、外出しようとしてない？」

小声ながら、私たち職員は慌てていました。

「外出予定があったかしら？」

「いや、ありませんよ！」

誰も何も聞いていません。

いつも出かける時間帯より、少し早いのも気になります。

しかし、確かに玄関からふらりと外に出ていってしまった後ろ姿は、ヨシ子さんです。黙って出ていくような前例がなく、私たち職員も安心しきっていて、ヨシ子さんはノーマーク状態だっただけに混乱しました。

「誰か手が空いてる人いる？」

「私行ってきます。あとお願いします！」

残りの作業を他の人に頼んで、あわててヨシ子さんのあとを追いかけました。

お年寄りの足ですから、幸いなことに、それほど遠くには行っていませんでした。

すぐに追いつき、離れたところから様子をうかがっていると、ヨシ子さんは近所のコンビニエンスストアに入り、買い物をしている様子です。

「そんなに急いでほしいものがあったのかしら」

見ていると、手にしたのは他愛もないお菓子や雑誌です。

レジに向かうと、ヨシ子さんは大事そうに封筒を取り出し、中からお金を出して、トレーに置きました。

（あれ、もしかしてこの間の謝礼金？）

「注文をまちがえる料理店」で働いたあと、謝礼としていただいたお金を握りしめて、ヨシ子さんはこのコンビニまでやって来ていたのです。

握りしめたそのお金が、自分が久しぶりに働いて稼いだお金であることを、おぼろげにでも、まだわかっていたのでしょう。

自分の稼いだお金で、おいしいものでも、読みたいものでも、なんでも好きに買える。それができることが、ヨシ子さんにとって、とても大事なことだったのかもしれません。

私は、離れたところからヨシ子さんを見つめていました。

不思議と胸がつまって、言葉が出てきませんでした。

買い物をするヨシ子さんの姿は、「自分」という存在を確認するための儀式をしているかのようにも思えました。

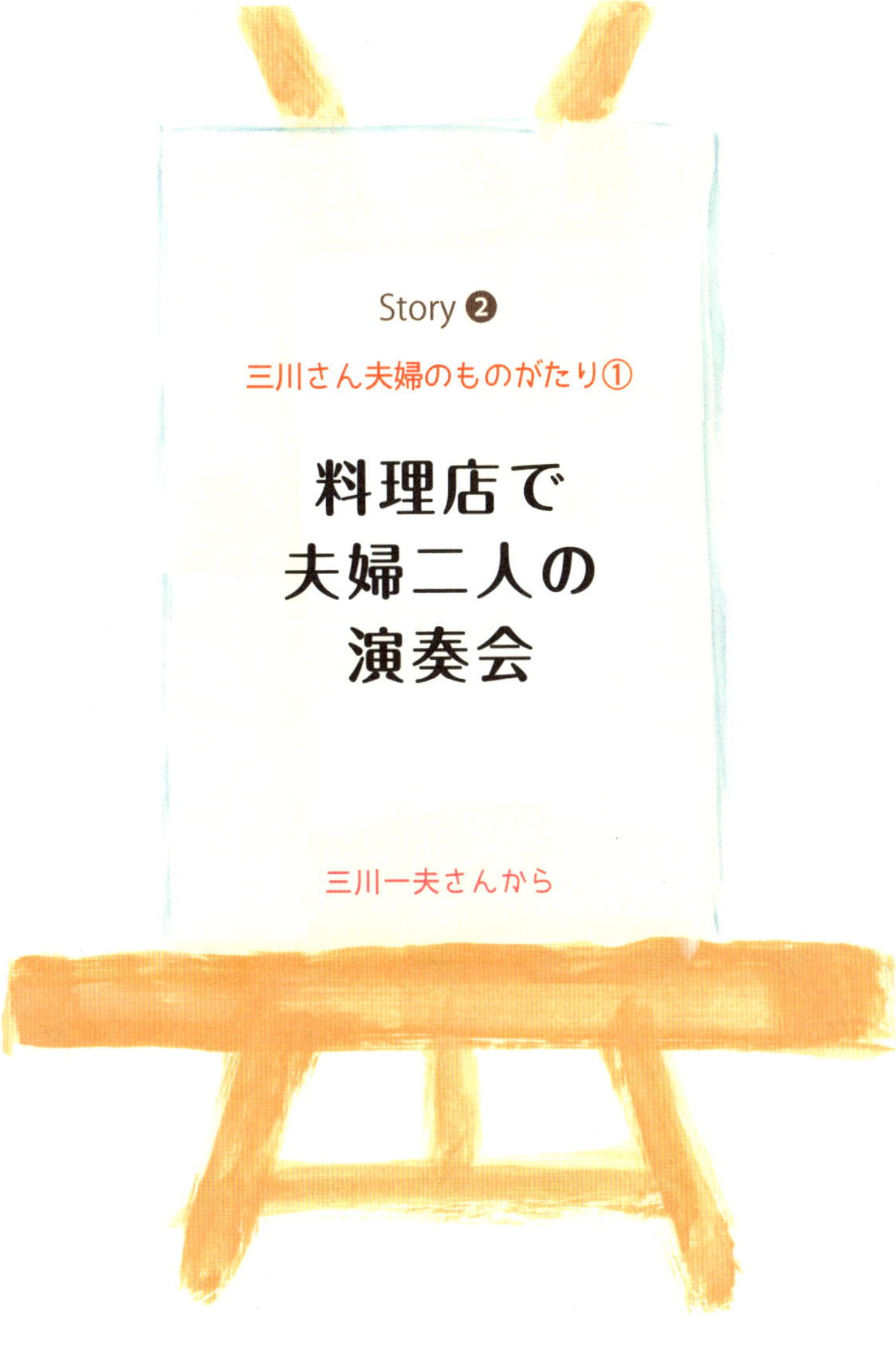

Story ❷

三川さん夫婦のものがたり①

料理店で夫婦二人の演奏会

三川一夫さんから

「こちらが、当日の会場ですよ」

「注文をまちがえる料理店」オープン前、私たち夫婦は、二日間限定のレストランとなるお店へ、連れていっていただきました。

そこにあった1台のピアノが、私たちの日々を大きく変えることになったのです。


妻に若年性認知症の兆候が現れたのは6年前のこと。私より7歳下の妻はそのとき56歳でした。

その日、私が数学教師をしていた学校の同僚が退職することになり、クリスマスも兼ねて学食でパーティーを開くことになりました。

「三川さん、パーティーで奥さんと演奏してもらえませんか?」

「もちろん。喜んでやらせてもらいます」

私の趣味はチェロで、大学時代から習いはじめてもう50年になります。

一方、妻のほうは幼い頃からピアノを学び、ずっと自宅でピアノ教室を開いていました。二人でミニコンサートを自宅ホールで通算34回開いていたので、人前で弾くことには慣れていたのです。

パーティーで演奏する『愛の挨拶』は練習してしっかり仕上げ、本番でも滞りなく弾くことができました。曲が終わると拍手とともに、

「アンコール！」

と声がかかりました。

「せっかくだから弾かせてもらおうか。いつもやってる『夢のあとに』は？」

「そうね。それにしましょう」

急なことでしたが、二人で話し合い、いつも演奏している弾きなれた曲を選びました。ところが演奏をはじめてみると、妻が何度も間違えるのです。

（どうしたんだろう？　調子が悪かったのかな）

私は疑問に思いながらも、深く考えませんでした。

しかし、そのときに気づけばよかったのです。妻はもう楽譜が読めなくなっていました。自分のことですから、妻はすぐに違和感に気づきました。

いつも側にいた娘にも、その異変は一目瞭然だったようです。

おかしいと思った妻はすぐに病院へ行ったのですが、

「とくに何でもないようですよ」

といわれて、帰ってきました。


どうしてもおかしいと、妻が再度病院へ行ったのはそれから二年あとのことです。

「アルツハイマーですね。二年もすればかなり進行するでしょう」

医者にそう告げられた妻は、

「何よソレ！」

とプンプン怒りながら私に報告しました。

ショックと不安が妻の中でごっちゃになり、怒りになってしまった様子でした。

妻の脳は、左の頭頂葉が萎縮してしまい、その影響で形状を認識する能力がひどく落ちてしまっていました。

ものの形や空間を認識することがとても難しいのです。

たとえば、自転車が何台か並んでいるところに、比較的広い隙間を見つけ、そこに自分の自転車を止める。それだけのことが妻には難しいのです。

靴箱に靴を入れたり、決められたところに印鑑を押したりするのも困難です。

ピアノを弾くことも難しくなりました。

同じ色、同じ形のものがズラリと並ぶ鍵盤を、認識することができないからです。ドの音の鍵盤がどこにあるかもわかりません。ただ、音は耳が覚えていますから、鍵盤を押し、音を探しながら弾くことはできたのです。

妻の状況を知った私は、すぐに知り合いの脳神経外科医に相談し、専門の先生を紹介してもらいました。人当たりのいい先生でとてもよくしてくださったので、安心してお世話になることにしました。

ところが、しばらくたった受診日のとき、

「ずいぶん進みましたね」

妻の目の前で、先生はひと言そういったのです。

このときの妻のショックは計り知れないものでした。その日からひどくふさぎ込み、うつ状態になってしまったのです。

妻は本来、とても明るく元気な人です。結婚して以来、それほどにまで気落ちした妻を、私は見たことがありませんでした。

そして、妻の変わりように、私自身、どうしたらいいのかわからないくらい困惑していました。

（このままではいけない！）

これまでかかっていた病院は遠方にあったこともあって、私は妻を近くの病院に転院させることにしました。

ただそれだけのことでしたが、妻は少し落ち着きを見せたのです。

一安心していた頃、

「奥さん、よかったら働いてみませんか」

というお誘いを、若年性認知症の会「ちいたび会」からうけました。

「妻でも働けるんですか？」

妻は認知症の状態にあります。普段の生活の中でさえ、できないことが日に日に増えています。それでも仕事ができるのかと驚いていると、

「大丈夫です。奥さんと同じ、認知症の状態にある方たちがいらっしゃる介護施設です。職員の方は認知症に理解がありますし、上手に対応してくださいますよ」

その介護施設（グループホーム）は自宅から自転車で20分ほどのところにあり、ほ

ぼ直線の道のりで行ける場所でした。

妻はピアノを教える以外、勤めたこともアルバイトをした経験もありません。それでも何かいいきっかけになればと、お世話になることにしたのです。

10時から14時まで、お昼に1時間の休憩をいただき、一日3時間のお仕事をすることになりました。仕事は主に掃除や庭の水やり、シュレッダーの作業など。

妻にとっては思いがけず楽しかったようで、

「最近明るくなったなあ」

と私も喜んでいました。


ところがある日、妻の職場から連絡を受けました。

「今日、奥さんが過呼吸を起こされまして……」

慌てて仕事を切り上げ、かけつけました。

妻の様子はすでに落ちついたようでしたが、ひどく気落ちしているのが見て取れました。

「男の人たちが、お昼の用意を全然手伝わないの。お礼もいわないし、片付けもしないのよ。うちにはそんな人いないでしょう。なんだかすごく腹が立ってしまって。そしたら急に苦しくなったのよ」

その日から妻は、感情が高ぶったり、わけがわからなくなったりすると、過呼吸を起こすようになってしまいました。

仕事もうまくいかなくなり、午前中だけ通うことに……。

この頃から、また精神的にひどく不安定になっていきました。

妻の職場のマネジャーさんから、「注文をまちがえる料理店」のお話をうかがったのは、その頃でした。

「認知症の状態にある方にホール係として働いていただくんです。間違えてもかまいません。そういうコンセプトですから。やってみませんか」

話を聞いた妻は「やってもいいよ」といいました。でも、いざ話が本格化してくると、怖がりはじめたのです。

「落として割ったらどうしよう」

「気にしなくていいっていっていたよ。落としてもいいんだよ」

「でも、人に迷惑かけちゃったりするかも。ウエイトレスなんてしたことないもの」

「私も一緒にいるから大丈夫だよ」

何度もなだめましたが、妻の心配は尽きない様子でした。

不安で妻の頭がいっぱいになっているとき、私たちは「注文をまちがえる料理店」の舞台となるレストランへ連れて行っていただいたのです。

そこに置かれた1台のピアノを見て、私の胸にある思いがよぎりました。

自宅に戻って、私は妻に提案しました。

「レストランにピアノがあったね。あそこで弾いてみないかい？」

妻はぱっと表情を輝かせました。

「もし、やれるなら、うれしい」


「レストランでピアノを弾かせてもらうことはできませんか」

職場の人に相談したとき、返ってきたのは意外な答えでした。

「本当ですか？　実は三川さんにピアノを弾いてもらうことを考えていたんです」

職場の人は、すぐに「注文をまちがえる料理店」の実行委員の方に連絡をとってくださり、まさにトントン拍子に演奏できることが決まったのです。

しかし、本番は三日後。

さっそく二人で猛練習をはじめました。


妻は認知症の状態になってからも、ピアノを弾き続けていました。

長い間ピアノを弾くのが日常で、その習慣は変わらなかったのです。

間違えたり、止まったりしていましたが、私が教えながら弾いていました。

実は、「注文をまちがえる料理店」の話をうかがった前年にも、「ちいたび会」の交流会で、演奏したことがありました。

一曲すべては仕上がらず途中まででしたが、久々に人前で弾く機会を得られた妻はとても喜びました。

私は、「また機会があったら」と常々考えていたのです。


オープンの前日、私たちはもう一度、レストランへ行きました。練習として実際にピアノを弾かせてもらうことになったのです。

ピアノの鍵盤を叩き、チェロを鳴らすと、音がここちよく響きました。

「響きがいいね」

「うん、弾きやすい」

「やれそうだね」

「がんばろうね」

こうして私たち夫婦は、期待と不安を胸に、「注文をまちがえる料理店」のオープンを迎えることになったのです。


（111ページに続く）

Story ❸

緑さんのものがたり

「え？ 何の話？」

福祉チームのサポーターさんから

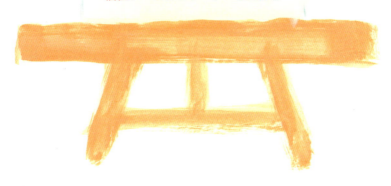

現在81歳の緑さんは、ご結婚されるまで一流企業で秘書をされていました。とてもきれいな方で、品があって、若々しくて、社交的で明るくて、介護施設（グループホーム）に来られたばかりの頃は、職員に間違われるくらいしっかりして見えました。

今では認知症の状態もかなり進行されていて、昨日のことも覚えていなかったりするのですが、そんな緑さんがこれまで繰り返し、おっしゃっていたことがありました。

それは、

「もう1回、働きたいわ」

ということ。

何度もそう言っていたのを、職員はみんな知っていました。

もともと、とても活動的で、認知症の症状が出るまでは歳を重ねてからも、一人でドライブに行っていたのだと、ご家族からうかがったこともあります。

自分で楽しいことを見つけて、行動できる人。

私は緑さんに、そんな印象をもっていました。

だから、「注文をまちがえる料理店」のお話を聞いたとき、私は緑さんのことをすぐに思い浮かべたのです。ただ、体力的な面でも認知症の進行具合から考えても、

（長時間は働けないだろうな）

ということもわかっていました。

それでも、

「もう1回、働きたいわ」

といっていた緑さんに、働く場所を作ってみたかった。

「注文をまちがえる料理店」がはじまり、最初の1時間くらいはとても楽しそうに働かれていた緑さんでしたが、そのあとはとてもお疲れで、休憩室でお布団に横になり、ぐったりしてしまいました。

体だけでなく気分まで、ひどく落ち込んでいるようでした。

「緑さん。お疲れさまでしたね。今日はもう帰ろうか」

声をかけると緑さんはうなずいたので、みんなより一足先に帰ってもらうことになりました。

「注文をまちがえる料理店」の一日目が終わり、私たちも夕方ごろには、介護施設（グループホーム）に戻ってきました。

すると2階のベランダに、緑さんの姿が見えたのです。

しばらく休めば、気分もすっかり復活されるのが緑さんのいいところ。

そのときも、すでに元気な様子で、洗濯物をとりこんでいました。

「緑さん」

と下から見上げながら声をかけると、私に気づいた緑さんは、満面の笑みで両手をブンブンふってくれます。

「緑さん、今日はどうもありがとう！」

私も手をふりながらそういうと、緑さんはとってもいい笑顔のまま、

「え？　何の話？」

緑さんは「注文をまちがえる料理店」で働いたことを、その日のうちに、すっかり忘れていたのです。

でも、それでいいんです。

これが私たちの、そして緑さんの、日常です。

私は、そのとき見せてくれた緑さんの満面の笑みに、ただただほっこりしていました。

もしかしたら、緑さんには負担が大きすぎたかもしれない。

レストランでのことや、疲れきった緑さんの様子を見た私たち職員の心の中には、そんな後悔がありました。

「注文をまちがえる料理店」は、間違えることが受け入れられる幸せな場所でした。

一方で、お客さまから料金をいただくレストランであり、そこで仕事をする以上、どのような症状の方であってもいい、というわけにはいかない現実があります。

今回の仕事は、緑さんには難しすぎたのではないか。

そう心配していたのです。

でも、緑さんの笑顔が、もやもやした気持ちを吹き飛ばしてくれました。

緑さんはもう全部忘れてしまってはいたけれど、本当にいい笑顔をしていらしたのです。

その笑顔がすべての答えのような気がしたのでした。

Story ❹

秀子さんのものがたり

忘れて しまうけれど

福祉チームのサポーターさんから

82歳の秀子さんが認知症と診断されてから、もう7、8年になります。

普段はご家族と一緒に住んでいて、介護施設（小規模多機能型居宅介護）には「通いサービス」でいらしたり、「宿泊サービス」で短期間だけ宿泊したりしています。


秀子さんは佐渡《さど》の生まれで、昔は絵手紙の先生をしていたそうです。

今でも覚えていますが、秀子さんがはじめて通いサービスにいらしたとき、出会ったお仲間たちを前にして、ものすごい先生口調で、

「あら、その線はダメですよ」

「こうして書きなさい」

と絵手紙の書き方を教えはじめたのです。

普段はほんわかした感じの、かわいらしいおばあちゃんなのですが、先生モードに入るとたんにキリッとするのが、おもしろいやら感心するやらでした。

先生と呼ばれていた方だったからでしょうか、秀子さんはとても面倒見のいい人です。手先も器用ですし、家事能力もすばらしいものをお持ちです。

私たちの介護施設では利用者と一緒に昼食を作るのですが、秀子さんはそういうと

き、とても頼りになります。

もっとも、秀子さん自身は、自分が周りの人よりできてしまうだけに、負担が他の人より多いと感じるらしく、

「なんで私ばっかりやらなきゃいけないの！」

「他の人ももっとやって！」

「あの人何もしないじゃない！」

と、ときどき不満をあちこちにぶつけています。

基本はほんわか系ですが、キリっとしたり、イライラしたり、いろんな表情を見せるのが秀子さんという人でした。


そして今回、いざレストランに入ると、意外なほどしっかりと働いていらっしゃいました。

しっかりといっても、間違えないという意味ではありません。そこはしっかり間違えていました。

ただ、何より感激したのは、秀子さんが本当にいい表情をされていたことです。

こんなにやさしくて、楽しそうな表情をされている秀子さんは、見たことがありませんでした。顔をくしゃっとさせた笑顔が本当にかわいらしいのです。

心からレストランの仕事を楽しみつつ、充実感を感じているように、私の目には映りました。


一日目の仕事をがんばった秀子さんでしたが、帰る頃にはすっかりくたびれた様子で、口数も少なく、ぐったりと車の座席に背中を預けていました。

そんなとき、私は目撃したのです。

秀子さんが、自分の上着をちょっとめくって、いただいた謝礼金を、とても大事そうに、すっとスカートのウエスト部分に挟んだ瞬間を……！

「それ、娘さんに見せたら」

声をかけると小さくうなずき、

「そうね」

と返事をしていました。

その謝礼金、結局どこかへいってしまったようで、今現在、行方不明です。

娘さんに確認しましたが、彼女は秀子さんから何も聞かされていませんでした。

秀子さんに聞いても、もうわからないでしょう。

実は秀子さんの認知症の状態は、かなり進行しています。

「注文をまちがえる料理店」のことも、翌日はかろうじて覚えていらしたのですが、翌々日にはもう記憶はあやふやになり、今となっては何一つ覚えていないようです。

謝礼金のことも、きっと翌日あたりまでは覚えていたのではないでしょうか。

覚えていたからこそ、おそらく家に帰ってから、どこかに大切にしまい込んだのでしょう。

久しぶりに仕事をして、自分で稼いだお金です。

宝物のように思えたのかもしれません。

その宝物をしまった在りかを、秀子さんはもう忘れてしまいました。宝物があったことも、なぜその宝物をもらえたのかも、覚えてはいません。


でもきっと、楽しかったんだろうな。

それは間違いないと思います。

秀子さんは忘れてしまったけれど、決してムダじゃなかった。

そうも思います。

仕事を楽しみ、人との関わりを楽しみ、充実した時間を過ごした。

その記憶や経験を秀子さんの中に蓄積させることはできなくても、その瞬間は間違いなく、秀子さんにとって幸せな時間であったはずです。


また、秀子さんのいい顔がみたい。

そのために、何ができるだろう。


これからも、秀子さんのいろいろな表情を見続けるために、考え続けていきたいと思っています。

Story ❺

恵美子さんのものがたり

お腹、
空いちゃってるね

福祉チームのサポーターさんから

恵美子さんは80歳になります。

サービス精神が旺盛で、お客さまにニコニコ声をかける恵美子さんの行く先々では、何度も笑いがおきていました。

人が好きで、人のために何かをやってあげたくてたまらない。

恵美子さんはそういう人です。だから、お客さま相手に、おしゃべりが止まらなくなってしまうこともあります。人懐っこく、ノリもいいので、「注文をまちがえる料理店」であっという間に大人気になってしまいました。

「一緒に写真を撮ってください!」

という声が何度もかかり、ご機嫌で撮影に応じ、いい笑顔でカメラにむかっていた恵美子さん。

本当に楽しそうで、生き生きとしていたのです。

ところが、働きはじめてしばらくしてから、恵美子さんの笑顔がなくなってイライラしはじめたことに、私たちは気づきました。

「あら、恵美子さん、お腹空《す》いちゃってない?」

「空いちゃってるね……」

「失敗したなぁ」

これは、サポートしていた私たちのミスでした。


誰にとっても、空腹感というのは不快です。

お腹が空けば赤ちゃんも大泣きしますし、いい大人だってイライラします。

ただ、普通であれば、

「お腹が空いたけど、ガマンしよう」

と理性が働きますが、この理性の働きが衰えてしまうのも、また認知症の状態なのです。

他にも、暑すぎたり寒すぎたりなど、何か少しでも不快に感じることがあると、途端にイライラしはじめ、気分は急降下し、不機嫌であることもストレートに表に出してしまう傾向があります。


「注文をまちがえる料理店」のオープン当日、私たち職員は、朝からかなりバタバタしていました。

レストランのオープン時間は決まっています。

「早く出ないと間に合わないよ！」

と慌てて出発したものの、車は大渋滞にひっかかり……。

「やばい！　間に合わない！」

「遅刻する！」

という言葉ばかりが、頭の中をぐるぐる駆け巡っていました。


「何か食べないとお腹がもたないかも」

という心配はあったのです。

しかし、お菓子や軽食などを手配する時間の余裕はなく、あと回しにせざるを得ませんでした。

いざレストランについたところで、準備をしたり、そもそも何をしにここに来たのかを説明したりするので精一杯で、何かを食べる時間はありません。

私たちは、お腹に何も入れないままの、準備不足な状態の恵美子さんを、そのままホールに送り出さざるを得なかったのです。

「恵美子さん、ちょっと休もうか」

声をかけたときには、もうすでにイライラが最高潮の不機嫌な恵美子さんになっていました。休憩室に下がり、しばらく待って、ようやくピザが出てきた瞬間、

「ばくばくばくっ」

恵美子さんの食べっぷりといったらありません。

躊躇《ちゅうちょ》なく手を伸ばし、何かと戦っているかのような表情で、アッという間に平らげてしまいました。

空腹が満たされると、にこやかな恵美子さんが戻ってきました。

でも、その頃には、「注文をまちがえる料理店」は閉店時間を迎えていました。

私たちがもう少し気を回せていたら、恵美子さんは、もっともっとたくさんのお客さまを笑顔にしていたに違いありません。

そのことが、心残りになりました。

「恵美子さん、昨日は楽しかったね。すごい人気者だったじゃない」

「注文をまちがえる料理店」で働いた日の翌日、恵美子さんに声をかけると、彼女はきょとんとしていました。

（ああ、忘れちゃったか。そうかそうか）

認知症の状態にある人たちと接していれば、これはとてもよくある何でもない光景の一つです。もっと働きたかったか、またやってみたいと思っているのか、恵美子さんの気持ちを確かめることはもうできません。

それはちょっと残念なことです。

でも私は、あの日の恵美子さんをずっと覚えています。


本当に楽しそうだったよね。

みんなと一緒に笑っていたものね。

よかったね。

次はお腹いっぱいにしてから働こうね。

Story ❻

チカとナオ　お客さまのものがたり

「うん！ 本当に粋だなぁ」

内田慈《ちか》さん（女優）から

「『注文をまちがえる料理店』に行かない？」

そう親友のナオから誘われたとき、宮沢賢治が大好きな私は、

「『注文の多い料理店』のパロディ企画？　すごいおもしろそう!!」

と、詳しいことは何も聞かずに二つ返事でのりました。

どうやら、知り合いのディレクターさんが期間限定で企画したステキなレストランとのこと。

どんなレストランなんだろう。ちょっと調べたけれど、よくわからなかったから、

「ま、わかんないのも楽しいか！」

と、当日をワクワクしながら待つことにしたのです。

「注文をまちがえる料理店」のオープン初日。

私たちは駅で待ち合わせしました。お店までの10分弱は、いつものことながら他愛ないおしゃべりでアッという間でした。ナオとは20年近い付き合いですが、毎回「時間が足りない!!」と思うくらい、話が盛り上がります。

レストランは白くオシャレな外観で、店名が書かれた看板の「まちがえる」の「る」

の文字が横になっていてかわいい！　さらにワクワクが募ります。

店内へ足を踏み入れると、

「いらっしゃいませ〜」

と、あたたかく迎えられました。清潔感がある店内は、とてもやわらかい雰囲気で、不思議なほど居心地よく感じました。

（スタッフさんが、みなさんニコニコしているからかなあ）

と、そこへ
「いらっしゃいませ。お二人が最初のお客さまだよ」

と、優しそうな方が声をかけてくれました。

「あっ、小国さん。おめでとうございます」

ナオは小国さんに私を紹介してくれ、手土産を渡しました。

ピアノの横のテーブルに案内してもらい、ワクワクしながら席につきました。

お水を出してくださったり、注文を取ってくださるスタッフさんは、高齢の方が多いようです。

（地域密着型の企画で、ご近所の方がボランティアで来てくださってるのかな？）

かわいらしく優しい雰囲気のスタッフさん達が、代わる代わる声をかけたり、笑いかけたりしてくださるので、こちらも自然と笑顔がこぼれます。

こまめに水をくんでくれる姿に母を思い出したり、スタッフさん同士も声をかけあっている様子にほんわかして、

（こうやってみんながみんなを思いやっているから、ここはあたたかいのね）

と、妙に納得したりしていました。


いよいよ食事がテーブルに届きました。

先に届いたのは、ナオが注文したエビの水餃子。プリプリでおいしそう！

（これは、私の注文したピザもおいしいに違いない……！）

と期待が高まる私のもとへ、なぜかハンバーグが到着。

「あれ？」

思わず声をあげると、運んできてくれたスタッフさんも、

「あれ？」

ナオも、

「あれ？」

周りにいた他のスタッフさんも、

「あれ？」

顔を見合わせ、みんなで思わず声をあげ大笑い。

「○○さん、ハンバーグはあっちよー」

と声がかかり、運んできてくれたスタッフさんは、

「あ、そうか！」

和やかな雰囲気の中、ハンバーグは注文した方のもとへ正しく届けられました。


そのあと、私のテーブルにはすぐにピザが届きました。

「うふふ、店員さん、ほんとうに間違えちゃってたねぇ」

と笑いながらおいしいピザを堪能しつつ、

（これって、どこまでがコンセプトなんだろう？）

と考えていたとき、ナオの肩越しに、店内の壁に飾られたパネルに書いてある一文

に目が止まったのです。

私たちのホールで働く従業員は、
みんな認知症の方々です。
ときどき注文をまちがえるかもしれないことを、
どうかご承知ください。

「わー！　そうだったんだ！」
注文をとったり、料理を運んだりしてくださっていたのは、認知症の状態にある方だったのだと、このとき私ははじめて知りました。
「そうなの。素敵な企画だよね」
「うん！　本当に粋だなぁ」

（135ページに続く）

Story ⑦

休憩室であったものがたり

戻ってきたら、みんな笑顔

福祉チームのサポーターさんから

「注文をまちがえる料理店」オープン当日の朝、ホールで働く予定の方たちはレストランに到着すると、

「ここはどこだ？」

「今日は何をするんでしたっけ？」

もちろんずっと前から「お仕事をしませんか？」というお話をしていましたが、少し混乱されている様子でした。

初日には交代制で6人の方に参加してもらいました。

休憩室はレストランの2階。

交代を待つ場所でもありますが、ホールのお仕事に疲れたときに、横になって休める場所も必要でしたから、お布団なども用意していただきました。

休憩室で交代を待っている人たちは、次第にまったりしはじめます。

「今日は何しに来たんだっけ？」

と、また首をかしげている人もいます。

ですから、交代の時間が近づいてきたら、私たち職員はとにかく発破をかけました。

「ほら、そろそろ交代の時間だよ」

「何をするの？」

「ホールでお仕事するんですよ。お客さんから注文を聞いて、食事を運ぶの」

「そんなことできるかしら？」

「大丈夫、大丈夫。やってみようよ」

「あ、そろそろ出番ですよ！」

「お客さん、いっぱい来てるって！」


あの手この手で気分を盛り上げて、なんとかモチベーションを上げてもらおうと必死です。


ところが、いざ交代の時間になると、ホールから戻ってきた人が、

「私は休憩なんかいらないよ！」

と、またホールに戻っていってしまうではありませんか！

（え！　交代するんじゃなかったの!?）

（こっちは散々、待機している人たちをその気にさせておいたのに！）

働き続けられる元気のよさも、体力もすばらしいし、頼もしいし、ご本人は生き生きしていて「よかったな」と思ったけれど、休憩室には、

「いざ出番！」

と待ち構えていた人たちがいるのです。

結局、

「じゃあ、このままいきます」

つまり「交代なし」ということになってしまい、新たな問題発生です。

（さあ、どうやってなだめよう？）


あっさり出番がなくなって肩透かしをくった人たちは、それがよくわかっていない人もいれば、もうすっかり退屈そうな人もいます。

すっかりその気になっていたのに、と、機嫌を損ねている人も……。

「ゆっくりお昼が食べられそうだよ」

「お布団敷いたからね。横にもなれるよ」

と声をかけても、

「私はおよびじゃないのね」

とむくれ顔です。

「もう帰るわ」

なんていい出してしまいました。

とにかく今はどうにかして、気分を変えてもらわなければなりません。

「ちょっと散歩にでも行こう」

と誘い連れ出すことにしました。


なかには待つことができない人もいました。

「目の前が荒川区役所だから帰ります」

と突然言い出したのです。荒川区の介護施設（グループホーム）から来た人でした。

しかし、ここからは、荒川区役所などどこにも見当たりません。

「ここは違う場所ですよ。荒川区から、レストランに来てるんですよ」

と何度説明しても、

「荒川区役所だから帰ります」

と絶対に譲らないのです。帰りたくて仕方がない気分になってしまったのでしょう。

無理強いしてもその人のためにはなりません。

残念でしたが、「帰りたい」という意思を尊重することにしました。


それからしばらくすると、休憩室の空気がどことなく殺伐としてきました。

不機嫌顔で、イライラしはじめ、小さないい合いをしたりもしています。

（ああ、やっぱり！）

そろそろヤバイんじゃないかしらと、私たち職員も気が気じゃなかったのです。

（お昼ごはんはまだなの！）


まかないが出てくるというお話だったのですが、実行委員のスタッフのみなさんもバタバタしていますし、うるさく催促するのも気が引けます。

「これはもう待ってられないね」

「そうだよね」

休憩室を担当していた職員たちで話し合い、私はコンビニに走りました。

もちろんお目当ては、おにぎりやサンドイッチ。

みんなにお腹を満たしてもらわなければなりません。

買えるだけ買って、走って戻りました。


みんな、本当にお腹が空いていたようです。

持って帰った食べ物に我先にと手を伸ばし、瞬く間になくなりました。

そのうち、スタッフさんも、食べ物がない状況に気づいてくださったようで、

「軽食、準備しましたからどうぞ」

と、お菓子やおまんじゅう、ピザなどを持ってきてくれましたが、これらもみるみる食べつくされていきました。

おかげでみなさんが機嫌を直してくれました。お腹が満たされると、誰だって満足感を覚えます。休憩室にはようやく笑顔が戻りました。

とくに甘いものは、心を和ませるのに効果大。グループホームでも、甘いものが出てくると、とたんにみんなニコニコしはじめます。

レストランのスタッフさんの機転に感謝です。

そのあとも休憩室は、出て行く人と、戻ってくる人とでいつも賑わっていました。

仕事に疲れ切ってしまった方には、お布団で横になってもらいました。

いつまでたっても元気でやる気に満ちあふれ、ちっともホールから戻ってこない人もいました。

さっきむくれてしまった人も、お散歩で気分転換ができたようです。

ご機嫌を直して戻ってきた頃に、ちょうど出番がやってきました。


「そろそろお仕事の時間ですよ。準備はできてる？」

「できてますよ」

「じゃあ、がんばってきて。いってらっしゃい」

「大丈夫かしら」

「大丈夫ですよ」

「そうね。がんばるわ。行ってきます」


緊張したような、楽しみを見つけに行くような顔で、レストランへと降りていきました。

レストランへ行った人が休憩室に戻ってくると、みんな満ち足りた顔をしていました。「疲れたなあ」といいながらも、笑顔がこぼれました。

その顔を見たら、送り出すまでの一苦労も、戻ってきてからのお世話の大変さも、一気に吹き飛ぶのです。

誰もがみな、これまで見たことのない満足げな表情をしていました。

役割を得るということが、人をこんなにも輝かせるのだと、私たちは目の前で見たこともない表情をしている方や、その他のホールで働いている方たちを見て、改めて気づくことができました。

ただ、私たちにとっても大変な一日であったのは、確かです。初体験のことばかりでした。

こんな日がもう一日あるのだと思うと、気が遠くなりそうでした。

Story ❽

史彦さんのものがたり

「間違えても いいんだもんね」

福祉チームのサポーターさんから

体力はあって、やる気もあるのに、活躍の場がない。

史彦さんにはそんな印象がありました。


「昔は、新宿の有名なお好み焼き屋さんで仕事をしていたんだよ」

史彦さんはいつもそう自慢します。

そのあとは、ある大きな会社の社員食堂で、100名近くのお客さまを相手に、調理のかたわら配膳も片付けもこなしていたのだといいます。


若年性認知症である史彦さんは、まだ62歳。

埼玉の家からふらりといなくなっては、葛飾まで歩いて行ってしまうような若々しさに溢れた方で、よく警察のお世話にもなっていました。

いつだって自分がやりたいことをやり、しゃべりたいことを延々としゃべる。

とにかくしゃべる人で、どれくらいしゃべるかというと、明石家さんまさんも絶対に敵わないんじゃないかと思うくらいです。

ずっと間断なく話し続けられると、周囲の人の心は想像以上にくたびれてしまいま

す。ご家族も疲れ切っていたので、

「こういうお話があるのですが、どうですか」

と「注文をまちがえる料理店」の話を持ちかけてみました。

史彦さんが一日いないと、ご家族の皆さんも息抜きができます。

ご家族は、「どうぞどうぞ。連れて行ってください」

と、快く賛成してくださいました。

何より史彦さんご本人が大喜びしてくれました。

「注文をまちがえる料理店」のオープン当日は、いつもの語りにさらに輪をかけて、史彦さんトークが炸裂しました。レストランへ向かう車の中でも、とにかくしゃべり続けます。うれしさのあまり興奮状態だったようです。

やる気も満々、自信も満々です。

とにかく飲食業の経験者でしたから、接客ぶりはとても丁寧で、言葉遣い一つにしても、

「自分はプロなんだから」

「ちゃんとやってやるんだぞ」

という自負を感じさせる振る舞いをされていました。

経験者だからこその、こんな一幕もありました。

史彦さんが注文を取りにいったテーブルで、あるお客さまが、

「じゃあ、僕はハンバーグで」

とおっしゃいました。

すると、史彦さんがひと言。

「それはカルトでしょうか。定食でしょうか」

まだオープン序盤の出来事で、みなが手探り状態で仕事をしていましたから、その言葉を聞いた周囲は内心、冷や汗ダラダラです。

「え⁉　カルトって何？　カルト教団のカルト？？？」

落ち着いて考えると、「カルト」とは「アラカルト」の短縮形。

「注文をまちがえる料理店」のメニューは三つです。

その中の一つである「ハンバーグ定食」のことを、お客さまが「ハンバーグ」とおっ

しゃったので、

「単品でほしいのかな？」

と、史彦さんなりに気を回された結果、「それはカルトでしょうか？」という発言につながったようなのです。

プロ意識の高い史彦さんの面目躍如です。

お客さまも最初はキョトンとしたお顔でしたが、「あっ、そうか！」と気づいてくれて、「すみません、定食です！」と、ニコニコして答えてくださっていました。


ただ史彦さん、やる気も自信も満々なのですが、ものすごく間違えます。

お冷用のタンブラーとジュースやコーヒーなど用のタンブラーが似ていたため、区別がつかなかったようで、適当に運んでしまっていましたし、料理の間違いも、テーブルの間違いも、とにかく、ありとあらゆる間違いをしていました。

そして、史彦さん本人は、自分の間違いにまったく気づいていないように見えました。

休憩時間になると、

「金をもらうということは、間違えられないからね」

なんて大真面目に語っていたからです。

もうおかしくて、笑いたいのをガマンしながら、

「そうですねー」

でもそのあとで、こんなふうにいっていいました。

「社員食堂で働いていた時代は、ほんとうに辛かったよ」

「どうしてですか？」

「間違えると、むちゃくちゃ怒られるからね。お客さんは帰っちゃうし、上司からも怒られるし、『クビだ！』なんてこともあるわけでしょ」


確かに、仕事というのはそういうものです。

どこかビクビクしながら仕事をしていたら、自分が若年性認知症だと診断され、働くことができなくなってしまった。そういうときに、今回の話を聞いたのだと。

「すごく気が楽だったよ。だって間違えていいいんだもんね」

レストランで最後にとった休憩時間でも、ぼそっといっていいました。

「ここのお客さんは優しいいなぁ。間違えても怒らないいもんなぁ」

「そうですね」

「こういう所で働けるのは最高だ」

「活躍できてよかった」

と、とても満足そうでした。

「注文をまちがえる料理店」は、認知症という状態によって得られなくなった史彦さんの満足感を、認知症の状態のままで得られることを可能にしてくれた場所でした。

ところで、史彦さんはとにかく自分のことを語り、自分のやりたいように行動していました。認知症のせいもあり、周りに気を配ったり、他人の気持ちを考えたりするのがむずかしいのです。

でも、「注文をまちがえる料理店」で働いて以来、

「人の役に立ちたい」

という思いをとても見せてくるようになりました。

「注文をまちがえる料理店」で働いてしばらくたったある日、史彦さんがまた外出さ

れて行方《ゆくえ》がわからなくなってしまいました。

ご家族が探しても見つからず、夜にフラフラになっているところを、警察に保護されたそうです。

夏の暑い時期、カンカン照りの最中に外を歩き回ったものですから、顔中日焼けして皮がベロベロに剥けてしまい、酷《ひど》い有様でした。水分補給などできていたのかわかりませんが、本人に聞いてももう覚えていないでしょう。


「昨日、どこ行ってたの？　いっぱい歩いたんでしょう」

「横浜港だよ」

史彦さんはそう答えました。

（いいえ。あなたは埼玉の岩槻《いわつき》で見つかりましたよ）

と真実をいっても仕方がない。

史彦さんは横浜に行ったと、かたく信じているようでした。

「船を見て、夜景を見て、おいしいごはんを食べてきたんだ」

「そうなんですか。またどうして？」

話にのっかって尋ねました。

「いつも世話になっている奥さんに、奥さん孝行をしなきゃと思ってね。奥さんが横浜港に行きたいっていったから、連れて行ってあげたんだよ」

史彦さんは、とても満足そうでした。


真実は違います。

史彦さんがここは横浜と信じて岩槻にいた頃、奥さんは史彦さんを探し回ってヘトヘトになっていたのです。

夜になっても見つからず、心配で眠れない夜を過ごしていたのです。

史彦さんはよく「うちの嫁はいい嫁だよ」と奥さん自慢をされる方で、そういう思いやりをもともと持っています。

ただ、「自分が散歩に行きたいから」ではなく、「誰かのために」と史彦さんが行動を起こしたのは、私が知る限りはじめてのことでした。

Story 9

テツさんのものがたり

「お飲み物は、まだでいいですよ」

福祉チームのサポーターさんから

「注文をまちがえる料理店」のお話をうかがって、「やってみませんか」と話を持ちかけたとき、テツさんはとても喜んでくれました。

声をかけた大きな理由の一つは、飲食店で働いた経験をお持ちだったからです。息子さんのお店を長年手伝われていたのですが、認知症と診断されたのを機に、

「もうお母さんも歳なんだし、ゆっくりしていいよ」

といわれたのだと、教えてもらったことがありました。

「やっぱり失敗もしちゃうし、息子の迷惑にはなりたくないから、ありがとうって身を引いたのよ」

テツさんは息子さんの気づかいをよくわかっていらしたけれど、お仕事にはまだちょっと未練がある様子だったのです。

「注文をまちがえる料理店」のオープン当日、レストランの開店時間前に私たちは2階に用意された休憩室に集まっていました。

そこではじめて「オーダー票」なるものを渡されました。

テーブルの番号やメニューの番号が書いてあり、お客さまの注文に合わせてマルを

つければ、一目で注文がわかるように工夫されていました。

でも、注文をとるのは認知症の状態にある人ばかり。

その紙が一体何なのか、きちんとわかっていないかもしれません。今はわかっていても、10分後には覚えていないかもしれません。

「うまくやれるものかしら」

と、私は内心ハラハラしていました。

そのとき、テツさんがひと言。

「これをお客さまに渡して、書いてもらえばいいんじゃない？」

ああ、そっか。すばらしい解決策です。

その発想力には、飲食業をやってらしただけのことはあるなと感心しました。

実際、レストラン内では、お客さまにオーダー票を渡して書いてもらう、というおもしろい光景が、あちこちで見られたのです。

普通のレストランではありえません。でも、ここは「注文をまちがえる料理店」。ここでなら許されるのです。間違えても、誰も責めません。

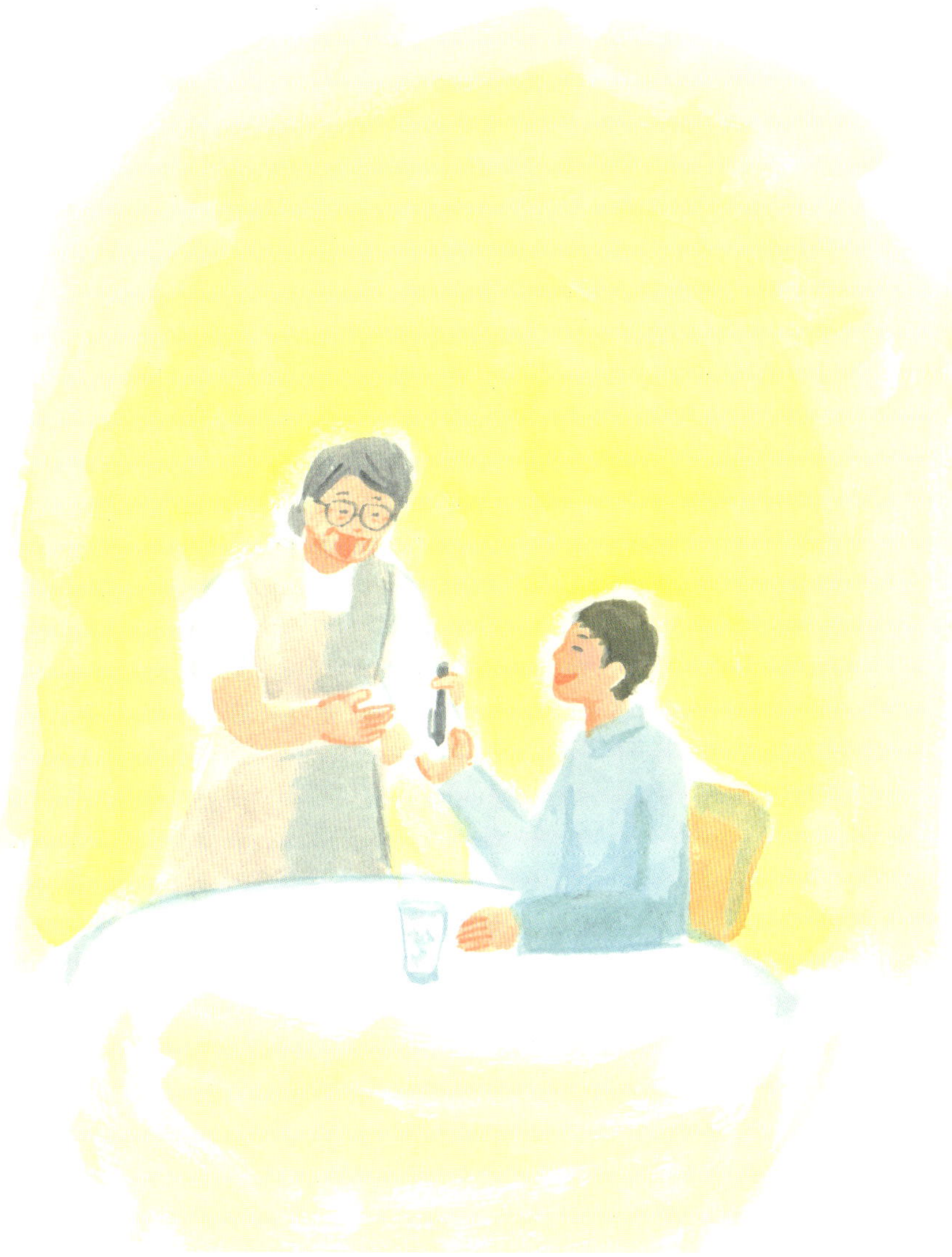

テツさんは「てへへ」と笑っています。

「オーダー票をお客さまに渡してしまおう」という、妙案の発案者だったテツさんでしたが、きちんとお客さまから注文をうかがって、自分でメモを書いて、しっかりと接客されています。

もちろん、いっぱい間違えはします。

今聞いたばかりのお客さまからの注文を、次の瞬間には忘れてしまって、

「あらら」

と笑っていたりします。そうして間違えはしますが、昔取った杵柄《きねづか》をフルに活かした、さすがの働きぶりでした。

レストランは、一日ほんの4時間だけの限定オープン。

でも、立ちっぱなしで、認知症の状態にある方には重労働です。テツさんはテキパキ動いていらしたけれど、1時間くらいした頃、

（きっと疲れただろうな）

と思い、声をかけました。

「そろそろ休憩します？」

「あら、大丈夫よ」

でも、テツさんががんばり屋さんなのはよく知っています。

それに、テツさんは、当日働いてくださった方たちの中でも最高齢の85歳でした。

体調に注意を払わなければなりません。

一方で、こうも思いました。

（もしかしたら、この場から離れがたいんじゃないかしら……）

本当にとても楽しそうに、生き生きと、仕事をしていたからです。

そこで、もう一度だけと思い、

「休憩して、大丈夫なんですよ」

と声をかけると、

「そお？」

と、テツさんはほっとしたように表情をゆるめました。

飲食店を息子さんと一緒にやっていたとき、決して疲れたという表情を見せずに、がんばって働いていたのでしょう。

「ここで疲れたっていっちゃいけないわ」

テツさんの心の中には、いまだ失われていないプライドや覚悟のようなものがかいま見えました。

当日のレストランでは、この場所を提供してくださったオーナーで、飲食業のプロフェッショナルである木村周一郎さんが、ホールで働く方たちに、手際よくいいタイミングで声をかけてくださっていました。

木村さん自身、認知症の状態にある人と密に接した経験は、ほとんどなかったそうですが、二日目も半ばになった頃、木村さんがテツさんに、

「3番テーブル、そろそろお飲み物をお出ししましょうか」

と声をかけました。すると、

「いいえ。まだ他のお皿のものを召し上がっているので、待ったほうがいいと思います」

そばで聞いていた私たちもびっくりしましたが、木村さんも少し驚いたような表情で、「ああ、確かにそうですね」とうなずいていました。

あとになってそのときのことを木村さんに聞くと、「あのとき、僕は耳の先まで真っ赤になっていたと思いますよ」と苦笑していました。

「みなさんと接するうちに、『指示を出せば、きちんと動いてくれる人たちなんだ』と、どこかわかった気になっていたんです。

でもそれだけじゃなかった。

先回りして動くことなど、できない人はたくさんいるのに、テツさんは認知症の状態でもそれをやってのけたんですから。

本当はもっとお任せしちゃってよかったんですよ。過保護に対応しすぎていました。反省しましたね」


「注文をまちがえる料理店」の一日目が終わり、帰る車の中でテツさんは、

「疲れたわねえ」

とため息をつきながらも、晴れ晴れとした顔をしていました。

「私一人だったら、絶対何もできなくて、何も役に立てなかったね。仲間がいっぱいいてくれたからできたのよ」

そうしてしみじみと、

「みんながいたからがんばれた」

「仲間ってほんとに大切よね」

「友だちは大事にしなさいね」

と、繰り返しました。

テツさんはいつも明るくて、冗談もよくいうし、おしゃべりもします。

でも、そんなふうに深い話を聞かせてくれたのも、教え諭すように話す様子を見たのもはじめてのことでした。


そのときテツさんは、一日働いた分の謝礼金三千円を手にしていました。

「それ、息子さんに自慢する？」

と聞いたら、にっこり。

「二日分貯めて、より大金にして見せびらかす」

というので笑ってしまいました。

この話、実は後日談があります。

しばらく経ってから息子さんに聞いてみたら、

「え、謝礼金が出たんですか？」

どうも寝耳に水という様子です。

（テツさん、謝礼金のこと忘れてしまったのかしら？）

心配になってテツさんに確認してみたところ、すでに記憶も曖昧なのですが、話をまとめるとどうやら、

「お買い物したのよ」

ということらしいのです。

「注文をまちがえる料理店」で働いたあと、テツさんは二週間まるまる介護施設（デイサービス）をお休みしました。

最初の頃は風邪を引いていたそうなのですが、しばらくして元気になってから、謝礼金を手にお買い物にいったようです。

テツさんの記憶の中に、「注文をまちがえる料理店」のことがまだ残っているかど

うかは、あやしいところです。

でも、もしかしたら、そのとき「働いた」という記憶が、以前に息子さんのお店で働いていたという過去の記憶と、つながったのかもしれません。

息子さんに謝礼金のことをいわなかったのも、そう考えるとうなずけます。

あたりまえに働いてもらったお給料だと信じたなら、わざわざ息子さんにお金のことをいう必要もありません。

「自分で稼いだお金だから、自分で使っちゃおう」

と、久しぶりのお買い物を楽しんだのでしょう。

Story ⓾

三川さん夫婦のものがたり②

少しだけの自信

三川一夫さんから

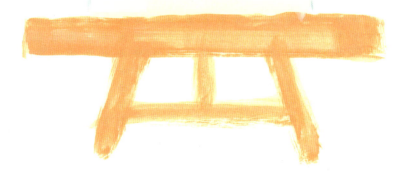

「注文をまちがえる料理店」で私がチェロを、妻がピアノを弾かせてもらう。

そのお誘いをうけて、私たちは一生懸命に練習しました。

そして当日。

「じゃあ、このランチョンマットをテーブルに配ってもらっていいですか？」

妻が、スタッフさんに渡されたランチョンマットの束を手に、ひどく困惑しているのが見てとれました。

どれも同じ形のマットを、同じ形のテーブルに置くことは、妻にとって簡単ではありません。

形状認識がひどく落ちているために、どこにどう置いていいかわからないのです。わからなければ聞けばいいのでしょう。でも、みんなレストランの開店準備で忙しくしていて、妻もどうしたらいいのか聞くに聞けなくなっています。

「注文をまちがえる料理店」のオープンを、私たち夫婦は困惑と不安の中で迎えました。

その日、妻は朝からひどく緊張していました。

「三川さん、大丈夫よ。ピアノ弾くから緊張してる？　間違ってもいいんだから大丈夫よ」

「そうよ。楽しみにしてるからね」

ガチガチになっている妻を気にしてみなさん声をかけてくれますが、違うのです。

妻は、ふっとこんなふうにいっていました。

「ピアノはもう、いいのよ。あなたもいるんだし。いいの。大丈夫よ。心配なのはそっちじゃないのよ」

そうなのです。

妻にとってピアノを人前で演奏することは、認知症の状態になる以前ならいつものことであり、あくまで自分のテリトリー内のことですから、今さらひどく緊張することでもないのです。

彼女の不安は別のところにありました。

妻はただひたすら、ホール係をやることに緊張していたのです。

実際、お客さまに注文の料理を持っていこうとしても、一歩踏み出すと、

「どっちだったっけ？」

といった様子で立ち止まり、きょろきょろしはじめます。

間違えてもいいとはいわれていますが、だからといって間違えたくはないのです。きちんとやりたい、間違えたら恥ずかしいと思う気持ちは、認知症の状態にあったとしても変わりません。

間違えたくないけど、わからない。

妻が困っている様子に、私もついつい、

「2番テーブルじゃないかな。こっちだよ」

と、手を貸してしまいます。すると、

「やっぱりだめだったわねえ」

と、落ち込んでいました。


そうこうしているうちに、1回目の演奏をする時間になりました。

私たちが選んだ曲は「アヴェ・マリア」。

なぜなら、それしか弾けないからです。

演奏前に、私はご挨拶させていただきました。

「妻は4年前、認知症と診断されました。彼女はピアノの専門家なんですけれど、ピアノがいっさい弾けなくなってしまったんです。でもやっぱり、ピアノが大好きだから『どうしても弾きたい』というので、ぼちぼちと二人でやってきました。最後まで弾けないかもしれませんが、どうぞ聴いてください」

こうして演奏をはじめました。

演奏中は、二人して集中していますから、演奏以外のことを考える余裕はありません。とにかく、いつものようにやるだけです。

出だしは滑らかであった妻でしたが、途中はやはり間違えました。

「あらら、ごめんなさい」

と妻はあやまり、私はいつものように彼女の手をとって、正しい鍵盤の位置を教えます。

妻はそこからまた弾きはじめ、私はそれに合わせてチェロを鳴らします。

いつものように、練習でこれまでやってきたように、私たちは演奏しました。

どうにか弾き終え、ほっとして妻と視線を交わしあったとき、私たちは思いがけない大きな拍手で迎えられました。

ようやくお客さまのほうに目を向けると、みなさんが笑顔で私たちを見ています。

涙を流してくださっている方までいらっしゃいました。

配膳をしていた仕事中のはずの方が、なぜかお客さまと一緒にイスに座って、拍手をしてくれています。

スタッフさんたちも笑顔で拍手を送ってくれていました。

「感動しました」

「とってもステキでした」

「また聴きたいです」

お客さまたちが、そう声をかけてくださいました。

私たちはこんなにあたたかい人たちに囲まれて、演奏していたのだ。

ここはとてもあたたかい。

だからとても演奏しやすかったんだ。

私はそう思いました。

「こんなに喜んでくださるなんて、なんだか申し訳ないわ」

妻はそんなふうに笑っていました。


レストランには、長男夫婦と長女家族も来ていました。

二人とも幼い頃から、私たちの演奏を何度も何度も聴いて育ちました。

今までを思えば、途中で間違い、音が止まるようなたどたどしい演奏が、いいものだったとは思えません。

しかし息子は、

「こんなに感動したことはなかったよ」

といってくれました。

私も妻も、その言葉ほど嬉しいものはありませんでした。


「注文をまちがえる料理店」で演奏ができて本当によかったと思うのは、妻が本来の明るさを取り戻し、とても元気になったことです。

「少しだけ自信がついたの」

そんな言葉を妻の口から聞くことができたことが、本当に嬉しかった。

今、日常生活において、妻が自分でできることはかなり少なくなっています。

たとえば、洋服を後ろ前逆に着てしまうなどよくあることで、間違えなければ二人で大喜びし、間違えてしまうと軽く落ち込んでしまいます。

でも、できることもあります。

朝は、妻に味噌汁を作ってもらっています。

ご飯もといでもらい、炊飯器にセットして、スイッチを入れるのも妻の役目です。

玄関のカギの開け閉めをするのも、妻にお願いしています。

風呂のフタを閉めるのも妻の仕事。

2枚ある板状のフタを置くのですが、位置を合わせたり、向きを変えたりしなければならず、彼女には難しいのです。でも、最近は間違えなくなってきました。

ホームセキュリティをセットするのも妻に任せています。ボタンがいっぱいあって覚えるのは大変ですが、なんとかやってくれています。

ピアノもそうです。

以前はつきっきりでなければ弾けなかったのが、今では一人で弾けるようになりました。私も家事などやることがたくさんあるので、いつもそばにはいられませんから、かなり助かっています。

でも、あんまり妻を放っておくと、ブーブーいいはじめます。

「ねえ、全然わかんない。弾けないよ」

といってきます。

でも、弾けているのです。

そばにはいなくても、ちゃんと音は聴いているからわかります。

それはつまり、

「一緒に弾いて」

「かまってほしい」

という彼女からのサインなのです。

それもよくわかっていますから、

「じゃあ、見てあげるから」

「合わせてみようか」

と、私も答えます。


明るい妻が戻ってきてくれて本当によかった。

洋服がちゃんと着られなくても、何かを間違うことがあっても、うまくいかないことがあっても、大丈夫。やり直せばいいじゃないか。

妻も私も、今そういう気持ちでいられるのは、あの日の演奏があったからかもしれません。


妻はあの日、ピアノを弾く舞台を与えられたことの嬉しさでいっぱいでした。

私には、妻とは別の思いがありました。

「認知症というものを、多くの人にもっと知ってもらいたい」という思いです。

「認知症になった人間も、こうやって一生懸命に生きているのだと知ってもらいたい、見てもらいたい」

そう思っていました。


妻の人生にピアノがあったことは幸運でした。

失いかけていた自信を少しずつ取り戻すきっかけになったからです。

きっと他の認知症の状態にある方にもそれぞれに、何かがあるのではないかと思います。

一生できる何かを、周りの人間が見つけてあげることができたら、その人の日々も、その人を支える家族の日々も、大きく変わるのではないでしょうか。

簡単なことではないかもしれません。

でも希望はある。

日々、ピアノの前に座る妻を見ながら、私はそう思っています。

Story ⓫

菊地さんご一家　お客さまのものがたり

間違えることを受け入れられる価値

菊地さん（企業経営者）から

私が「注文をまちがえる料理店」について知ったのは、飲食店の若手経営者が集まる、とある勉強会でのことでした。

そこに、発案者の小国さんが飛び入り参加したのです。15分ほどだった彼のプレゼンを要約すると、

「認知症の状態にある人が働くレストランをやりたいんです。でも、場所もなければレストランを運営するノウハウもない。助けてください」

正直なところ、

「すごく共感を覚える話だ。でも、実現するのは難しいだろう」

というのが私の感想でした。

たぶん、そこにいる人——つまり飲食業界のプロは全員そう感じたと思います。

しかし、話はそこで終わりませんでした。

小国さんのプレゼンが終わった直後、すっと手が挙がりました。

「場所に当てがあるよ」

そう言ったのは木村さん。

「この実現に向けて越えるべきハードルはあまりにも高い」と、半ば感じつつも、小

国さんのその情熱と心意気に、どうしても手を差し伸べたくなったのでしょう。

これをきっかけに、勉強会に集まった飲食店の経営者たちが、次々に協力を申し出ていきました。


おそらく、木村さんのこのひと言がなければ「注文をまちがえる料理店」は実現していなかったでしょう。

実現不可能に思えたことが、一転して実現に向けて突き進みはじめた。

あれは奇跡の瞬間でした。

その光景を目の当たりにして、私は感動を覚えたのです。

「注文をまちがえる料理店」に行ってみたい。そう強く思いました。

小国さんをつかまえ、

「ぜひ連絡してください」

そう念押ししながら名刺を渡しました。

後日、「注文をまちがえる料理店」のプレオープンの知らせが届いたとき、私が真っ先に声をかけたのは長男でした。

「『注文をまちがえる料理店』に行ってみるか？　メニューを間違える料理店らしいよ」

実はこのとき、彼から色好い返事がもらえることを期待してはいませんでした。

しかし長男は、

「行く」

即答でした。

「メニューを間違えるかもしれないんだよ。それでもいいの？」

「メニューを間違えるんだったら、行く」

なんとも言えない不思議な気持ちで、私は彼の言葉を受け止めました。


21歳になる彼は、知的障がいをもっています。

今、知能的には4、5歳くらいです。生まれた直後からＮＩＣＵ（新生児集中治療室）に入り、3か月をそこで過ごしました。難しいかもしれないといわれながらも命は助かりましたが、障がいを抱えることになったのです。

ハンデはありますが、長男は明るい子です。

すれ違う人みんなに挨拶をしてしまうのですが、だからこそ誰とでも仲よくなれる子です。物怖じしないので、知らない人からもとてもかわいがられました。

外食も好きでした。

我が家は次男、三男もいる五人家族で、妻は平日、長男や家族の世話で大変です。休日は少しでも休めるように、週末はよく5人で食事に出かけました。

ただ、長男はすぐ人に触れたがったり、大きな声を出したりします。

幼いころはそれでも、「どうしたの？」「なあに？」と笑顔で許してくださる人が多かったものです。

しかし、大きくなるにつれて、周りの目は変わります。

見た目はもう大人です。

立派な男性が急に触れてきたり、知人でもないのに挨拶してきたりすれば、「なんだこいつは」という目で見られます。怖がられることもありました。

彼自身、自分に向けられる視線の変化にとても敏感になっていきましたが、人に触れたくなったり、挨拶してしまう自分は止められないのです。

20歳を超えたころから、

「人が嫌い」

というようになりました。

二人で犬の散歩に行ったときのことです。

ふいに彼が立ち止まり、うつむき、じっと動かなくなってしまいました。そのうち、後ろからきた見知らぬ人が私たちを追い越していくと、また歩きはじめました。

「どうしたの？」

これまで見せなかった様子に驚いて尋ねると、

「人が嫌だから、先に行ってもらった」

と答えました。また、

「食事に行こう」

と誘っても、最近は決してうなずきません。

「行かない。家で食べたい」

といってきかないのです。彼も、私たち夫婦も、最近、近所の弁当屋のメニューにすっかり詳しくなってしまいました。

その長男が、「注文をまちがえる料理店」には行きたいといいます。

メニューを間違えるかもしれない。

そのワードが、彼の心に響いたようでした。


「注文をまちがえる料理店」には、私と妻と長男の三人で行きました。

そこで彼は、久しぶりに本来の彼らしい明るさを見せてくれたのです。

通りかかる人に「こんにちは！」と挨拶し、テーブルに食事を運んでくれるおばあさんに「ありがとう！」とお礼をいいます。

挨拶に来てくださった小国さんにも、

「お兄さん、こんにちは！　ほんとにいいお店だね」

と笑いかけました。他のスタッフさんにも、お客さまにも、

「ここ、いいお店だね」

「また、パパとママとここに来たい！」

と、ニコニコと話しかけていました。

彼の声以外にも、レストランではあちこちで、

「間違えてますよ」

「あら、あはは。ごめんなさいね」

「おいしいね」

「間違えないでちゃんときたね。うふふ」

と、いろいろな言葉が飛び交い、笑い声が響いていました。

とてもにぎやかで、あたたかくて、安心できる空間でした。

そこには、眉をひそめて長男を見る人はいませんでした。

他のテーブルでは小さなお子さんが泣いていましたが、文句をいう人などいませんでした。

「注文をまちがえる料理店」は、あるがままの長男を受け入れてくれたのです。

彼だけではありません。みんなそうでした。

私たちは何も無理をすることなく、自分らしいままで、一緒にその場の空気に溶け込んでいました。


長男の嬉しそうな顔を見ながら食事ができることは、私たち夫婦にとって本当に幸せなことでした。思えば、私たち自身も、外食となると多少のストレスを感じずにはいられなかったのです。

長男が不必要に他人に触れないように、隅の席や個室を確保しようとしたり、座る位置に気を使ったりすることは常でした。

トイレに行くにも、何をするにも、彼について回らなければなりません。うるさくしないように、迷惑をかけないように、人の目を気にして緊張していました。きっと私たちはいつも強張《こわば》った顔で息子を見ていたでしょう。

でも、「注文をまちがえる料理店」では、私も妻もゆったりした気持ちで、笑顔で、彼と一緒にテーブルを囲むことができたのです。

それは本当に得難い時間でした。

もうひとつ、とても驚いたことがありました。

お料理がとてもおいしいのです。

私たち三人は、３種類あるメニューを一つずつ注文したので、分け合ってすべてを味わうことができました。いずれも、１０００円で食べられることが信じられないいくらいのレベルの高さだったことに驚いたものです。

注文を間違えられても、おいしさには間違いがない。スタッフの皆さんが、「注文をまちがえる料理店」を、お客さまにとってもすばらしいレストランとして作り上げようとした、その心意気を感じました。

「本当なら、これはあなたがしなきゃいけないことなのよ」

レストランをぐるりと眺めながら、妻はそういいました。

「そうだね」

「がんばってくれなきゃ」

「がんばるよ」

実のところ、妻は以前から、長男のように障がいをもつ子どもたちを預かる施設を作りたいと、切望していたのです。私自身も、将来いつの日かそれを実現するのも選択肢の一つであると、漠然と考えていました。

妻は「注文をまちがえる料理店」に出合ったことで、ここに自分の思い描くものがあると感じたのだと思います。

「メニューをまちがえる料理店は、いつ行くの？」

レストランで過ごした時間が、長男にとっては最高に楽しかったようです。

あの後、何度も私にそう尋ねます。彼は店名を「メニューをまちがえる料理店」とインプットしてしまったようです。

「また行きたい？」

「行きたい」

「じゃあ、働いてみたい？」

「働いてみたい！」

長男にとって「注文をまちがえる料理店」が、特別な場所になったことは間違いありません。

でも、外食嫌いは相変わらずです。人が嫌いなのも変わりません。

たったひとつの出来事ですべてが良い方向に変わるなんて、それはさすがに嘘くさいでしょう。

現実はそういうものです。

「注文をまちがえる料理店」もまた、その存在によって認知症の状態にある方が抱える問題のすべてを解決するわけではありません。

発案した小国さんも、夢物語のような提案を実現させたスタッフさんたちも、それを望んではいないはずです。


ただ、間違えることを受け入れられる場所がある。

受け入れられる空気がある。


そこに価値があるのだと思います。

そして私にとっては、連れていけば必ず彼に喜んでもらえる場所ができたという事実が、何ものにも代えがたい価値なのです。

私たち家族は、また「注文をまちがえる料理店」に行きたいと、心より思っているのです。

Story ⓬

チカとナオ　お客さまのものがたり

「やっぱり、最高のレストランだね」

中島ナオさん
（デザイナー、大学講師）から

「ねえ、ナオ」

ここが認知症の状態にある方が働くレストランであることを、ピザを食べているときに知ったチカは、とても驚き感激したあと、急に不安そうな顔になりました。

「私、知らなかったから、注文するときスタッフさんに『注文が間違えてくるかもしれないんですよね』っていっちゃった」

そういえば、そうでした。スタッフさんは、

「いえいえ。うふふ。がんばりますので」

と笑って答えてくれていました。

「もしかして、傷つけちゃったんじゃないかな……」

「大丈夫だよ」と私は笑顔でいいました。

「ここには『注文をまちがえる料理店』っていう枠組みがあるでしょ？　そのおかげでコンセプトを知っている人も、知らない人も、そして働く人にとっても構えずにすむようになっているんじゃないかな」

「なるほど、そうかぁ。ここは、どんなお客さんでも来ることができるレストランなんだね」

私がこのお店のコンセプトをチカに伝えないまま連れてきたのは、彼女がここで純粋に感じたこと、考えたことを、こうして一緒におしゃべりしたかったからなのだと思います。

私は今、ステージ4のガンという病気を抱えて生活しています。

この日、私は「注文をまちがえる料理店」にいながら、自分の病気と、認知症という病気に一つの共通点を見つけ、重ね合わせていました。

それは、「失う」ということ。

私は病気になり、外見的なもの、生きていくうえでの選択肢、できていたことができなくなるなど、いくつもの〝失う〟経験をしました。

認知症と診断された方たちもまた、記憶や日常でできるはずの多くのことを失っているのではないでしょうか。

ガンだから、あきらめなくちゃいけない。

認知症だから、あきらめなくちゃいけない。

世の中はときに、悪意なく、そういうイメージを押しつけてくることもあります。

でも、ガン患者でもある私はこの日、お気に入りの服でオシャレして、大好きな親友と、とても素敵なレストランで最高の食事を楽しんでいました。

同じ場所で、認知症の状態にある方たちは、お揃いのユニフォームを着た仲間と、とても楽しそうに、笑顔でお仕事をされていました。

失ったものは確かに多い。

でも、できることだって、私たちにはたくさんある。

そして失ったって、周りと社会ともっと関われる。関わっていい。

それをひとつの形として明らかにしてくれたのが「注文をまちがえる料理店」ではないかと思いながら、私はこの日この場にいたのです。


食事を楽しんでいると、私たちのテーブル横に置かれたピアノのそばに、一組のご夫婦がこられました。

奥様はピアノの前に座りました。よく見ると、先ほど配膳してくださった方、つまり認知症の状態にある方です。

旦那様はピアノ横のイスに座り、チェロを構えました。

「最後まで弾けないかもしれませんが、どうぞ聴いてください」

レストランに「アヴェ・マリア」の旋律が流れはじめました。

演奏がはじまると奥様は、何度も間違えストップします。「すみません」といいながら、照れたような少し悲しいような表情で、うふふと笑います。

すると、旦那様はチェロを置いて立ち上がり、一歩横へ行き、奥様の手をとり、正しい鍵盤の位置にもっていきます。そうしてまた、演奏がはじまるのです。

その光景が、何度も、何度も、繰り返されました。

ご夫婦以外の、その場にいた誰もが、その姿に魅入られていました。誰も何も言葉を発することなく聴き入りました。

チカは表情を変えないようにしていたけれど、泣いていました。

私はお二人の姿を見ながら、家族のことを想いました。

31歳で自分がガンだとわかったとき、一人暮らしをやめ、実家の家族と住みはじめました。今もいつも家族の誰かと一緒にいます。

とくに、一番過ごす時間が長いのは父です。

力が足りないときには、小さなことでも無理せず甘えられ、不調のときにも、そのままの姿で笑い合える。

病気にならなければ、失わずに済んだものは多いけれど、今の心地よい生活は、私が病気にならなければ、ないものでした。


目の前のご夫婦もまた、私と同じなのかもしれないと思いました。

毎日、毎日、お二人はきっとこうして練習してらっしゃるはずです。止まっては、また弾きはじめる。それがお二人の日常なのです。

旦那様は一日に何回、奥様の手をとっていらっしゃるのでしょう。

一緒の時間を、どれだけたくさん過ごされているのでしょう。

奥様の認知症を経て、つくられたお二人のかたち。

失うことは、怖くて辛いこと。

けれど、失ったものだけを追いかけるのではなく、今あるもの、できることに目を向けていけば、新しいかたちが生まれ、こんなに輝く時間を作ることができる。

お二人が、それを私に証明してくれたように、やさしく背中を押してくれたように思いました。


演奏が終わったとき、小国さんが私に近づいてきました。

「ナオちゃん、これ奥さんに渡してあげて」

手に持っているのは、さっき私が渡した手土産です。

拍手の中で奥様にお渡しすると、ものすごく照れながらも笑って受け取ってくださいました。

一生懸命叩いていた拍手だけでは伝えきれなかった感動と感謝の気持ちを、ひと言だけれど直接伝えることができました。

そのときの、奥様の素敵な笑顔は忘れられません。

＊＊＊

レストランを出ると、

「私、今日のアヴェ・マリアはちょっと忘れられないなぁ」

といってチカは白い建物を振り返りました。店内は変わらず賑わい、窓からは、お客さまとスタッフさんの楽しそうな笑い声が聞こえてきます。

外には、順番を待つお客さまが並んでいます。

「ナオ、今日は誘ってくれて本当にありがとう。めちゃくちゃ素敵なレストランだったね」

「うん。居心地いいし、食事もおいしいし、演奏もとてもよかった」

「ほんとだねぇ。……でもね、一つ心残りがあるんだ」

「えっなに？」

「実はね、ピザにしようかハンバーグにしようか、すっごい迷ってたの。で、間違えてハンバーグがきたとき、〝わー、おいしそー！〟って思って。

だから、〝あれ？〟とかいわなきゃよかった。

なんか、間違ってるっていうのも違ったんじゃないかなぁって」

そのとき、レストランの外でお客さまの対応をしていた小国さんが、声をかけてくれました。

「いやいや、いいのいいの。いってても、いわなくても、どっちでもいいの。僕たちからお客さまに強制することは何もないんだよ。……ただ、間違えるかもしれないから許してね」

私たちはもう一度、レストランを見つめました。

「やっぱり、最高のレストランだね」

Story ⓭

ホールのものがたり

「誰もが受け入れられる場所」

プロジェクトスタッフ
小国士朗から

「ようこそいらっしゃいませ」

「注文をまちがえる料理店」のオープン初日、一組目のお客さまが入っていらっしゃった瞬間、この日を迎えるために尽力してくださった木村さんは、

「このままではまずい！」

と悟ったと、あとになって教えてくれました。

それもそのはずです。

「注文をまちがえる料理店」の発案者はテレビディレクターだし、協力してくれた実行委員にも、サポートしてくださる介護施設の職員さんにも、飲食にまつわる仕事をした経験をもつ人間はほとんどいません（いてもアルバイト程度の経験です）。

さっそくのお客さまを前にして、認知症の状態にある方はもちろん、スタッフたちも一緒にあたふたするばかりです。

焦りと不安が一気に立ち込める中に、木村さんの声が響きました。

「1番テーブルにご案内してください」

「お水をお出ししてください」

まさに頼りになるのは木村さんだけ。神さま、仏さま、木村さま状態です。

こうしてテキパキと指示を飛ばしてくださったところから、「注文をまちがえる料理店」はなんとかはじまりました。

そもそも接客については、事前準備をしようにもできない事情がありました。どの方がこのレストランに働きにきてくださるのか、当日の朝、レストランにお迎えするまでわからなかったのです。

和田さんと職員さんが、認知症の状態にある方のその日の体調などを見たうえで判断し、参加していただくことになっていました。

それに、仮にどなたが参加されるかわかっていたとしても、「事前にあれこれ教えたり、練習してもらったりしたところで意味ないよ。すぐに忘れてしまうからね、がはは」と和田さんからはいわれていました。

また介護施設の方だって、介護や支援のプロではあっても、飲食サービスに関しては素人《しろうと》です。

ですから、まさにぶっつけ本番もいいところでした。

それでも、ここはレストラン。

木村さんからのアドバイスも受けて、やるべきことには細心の注意を払いました。

とくに気を配ったことの一つは、配膳してくださる認知症の状態にある方たちの衛生面を整えることです。

当日の朝、認知症の状態にある方たちがレストランに到着したら、

「みなさん、まずは手を洗いましょう」

と洗面台にご案内しました。

爪の中まで丁寧に手を洗ってもらい、アルコール消毒をすませ、髪の長い方には、しっかりと束ねてもらいました。

「次は、これを身につけてください」

配ったのは、この日のためにおろしたばかりの清潔なエプロン。

これにアイロンをあててから、身につけてもらいました。

その日、スタッフは朝から何かとバタバタしていて、猫の手も借りたい状態でしたから、自らエプロンにアイロンをあててくださって、とても助かりました。

みなさんは介護施設で、日々そうして洗濯物にアイロンをかけたり、食事の用意を

したりされているのです。
ですから、まったく危なげなく、むしろ、僕たちよりよほどキレイに仕上げてください ました。

驚いていると、職員さんは当然といった様子でこういいます。

「歳を重ねた分、たくさんやってらっしゃるわけですから。記憶力は弱っていても、体が覚えていることはいっぱいあるんですよ」

おっしゃる通りです。

実行委員のメンバーの中には、これまで認知症の状態にある方たちと接した経験がほとんどないという人もいたのですが、実際に近くにいて、職員さんたちと会話する様子を見たり、お話をしたりしているうちに、みんなはっきりと理解していきました。

「あ、普通でいいんだな」

確かに、さまざまに配慮すべき場面もあるのだと思います。

けれど、介護現場のプロなら介助できることも、素人の僕たちでは不十分です。

それなら、

「何かしてあげなくては」

と構えるよりも、普通に会話して、大変そうに見えたらお手伝いすればいい。

忘れたり間違ったりしていたら、「こうしたらどうですか」と声をかけてもいいし、

ただ見守るだけでもいい。

あとは一緒に笑ったり、楽しんだりしていれば、それでいいのかもしれないな。

そう思いました。

そうこうしているうちに、「注文をまちがえる料理店」には、どんどんとお客さまがやってきます。

「ご注文は何にしますか？」

テツさんが、注文をうかがいにテーブルにむかいました。

「水餃子と、ハンバーグお願いします」

「水餃子と……なんだっけ？」

「ハンバーグです」

「あ、ハンバーグね。そうそう。じゃあ、えっと、水餃子と……？」

テツさんは、オーダー票を見ながら首をかしげたまま固まっています。

「うん。ハンバーグですね」

「あはは。忘れちゃうわねえ」

「あははは」


僕はホールから目が離せませんでした。

そこには、たくさんの人がいました。

大人や子ども、男性や女性、障がいがあったり、病気を抱えていたり、認知症があったり……さまざまな背景をもった人たちがそこにはいて、みんながおいしい料理を前に、いっぱい笑っていました。

僕がとくに印象に残っているのは、三川さんご夫婦の演奏が始まると、ホールスタッフのおばあさんが仕事をそっちのけで、どかっとイスに座って演奏に聴き入るんですね。

その堂々たる姿を見ていると、もうおかしくっておかしくって。

誰もがそこにいることを受け入れられる……なんてことをいうとちょっと大袈裟《おおげさ》で

すが、でも、そこにはとても自由な空気が流れているように感じました。

料理店の開店前の朝、みんなで確認しあったことがありました。

働く人も、お客さまも、僕たち裏方も、「やってよかったね」と笑って帰れるようなレストランにしよう。

さあ、まだまだお客さまはいらっしゃいます。

「注文をまちがえる料理店」は、はじまったばかりです。

注文を
まちがえる
料理店
11AM-2PM
OPEN!

第Ⅱ部

注文を
まちがえる
料理店

THE RESTAURANT OF ORDER MISTAKES

の
つくりかた

“強烈な原風景”になったのはなんてことない普通の光景だった⁉

●やむにやまれぬ理由からのスタート

正直に告白します。

「注文をまちがえる料理店」を思いついた、2012年の頃の僕は、認知症に関しての知識もなければ、関心を抱いたことすら、ほとんどありませんでした。

身近に認知症の状態にある人がいなかったというのが、大きいかもしれません。

テレビ局のディレクターとしてさまざまな現場を取材する中でも、なぜか認知症については一度も触れたことがありませんでした。

そんな僕が、「注文をまちがえる料理店」をひらめくことになるわけですが、そもそものはじまりは、あまり大きな声ではいえない、やむにやまれぬ理由があったのです。

僕はそのとき、とても困っていました。

というのも、ある現場に1か月ほど張り付いて取材をしていたのですが、突如撮影が立ちゆかなくなり、このままだと放送に穴をあけることは避けられないという状況に陥っていたのです。はっきりいって大ピンチです。僕は必死で、新しい取材現場を探していました。

すると心優しい同僚が「この人はどう?」と紹介してくれた人こそが、認知症介護のエキスパート和田行男さんだったのです。

●高まる緊張感とは裏腹に……

和田さんの現場は、名古屋にありました。

和田さんは、首都圏を中心に20カ所以上の施設を統括するマネジャーですが、名古屋のグループホームはまだ開設して1か月あまりということで、ほぼ住み込み状態で現場に詰めているといいます。

和田さんからは事前に、「施設の開設直後は入居者が環境に慣れていないため、いろいろなトラブルが起こるのだ」ということだけ聞いていました。

「ま、そんなんでも良ければ、取材はどうぞご自由に」といわれたのですが、そんな話を聞かされるとこちらの緊張感は高まるばかり。

なんといっても僕にとっては人生初の認知症との〝遭遇〟です。たとえるならば、言葉も通じなければ、よく事情もわからない外国に行く感じでしょうか。

でも、放送に穴をあけるわけにはいかない僕に、もはや戻る場所はない。

「やるしかないっ！」と覚悟を決めて取材をはじめさせてもらうと……意外や意外。

そこには、こちらが拍子抜けするほど〝普通〟の光景が広がっていたのです。

掃除をしたり、洗濯をしたり、和気あいあいと料理をしたり。

そうこうしていたら、施設から700mほど離れた市場から、その日の夕食の買い出しを終えたおばあさんたちが帰ってきて、今日は何を作るんだ、いやそれは食べたくないと、それはそれは賑やかにおしゃべりに花を咲かせています。

僕はぽかーんと口を開けて、それを見ていました。

取材をするまで、僕の認知症に対するイメージは、非常にネガティブなものでした。認知症になると、いろんなことを忘れてしまって、時に徘徊《はいかい》や暴言、幻覚も出る。とにかく、ものすごく怖い病気なのだという認識でした。

もっと正直に告白すると、認知症の人は「何をするのかよくわからない、ちょっと危ない人たち」とすら思っていたくらいです。

●「これも介護の現実です」

もちろん取材に入って何日かすると、認知症のいろいろな面も見えてきます。

お年寄りたちは、僕ら撮影クルーの名前はもちろん覚えてくださいませんし、毎日会っているはずの和田さんに対しても、

「はじめまして。名前はなんといいますか？」といった具合です。

撮影のために施設に行くと、パトカーが止まっていたこともありました。

朝から80代のおばあさんの行方が、わからなくなったというのです。

和田さんが統括マネジャーをつとめる施設では、夜間を除いて鍵をかけないので、基本的にお年寄りたちの出入りは自由です。

もちろん、鍵をかけない分、入居者が外へ出れば職員さんが付き添ったり、扉の開閉を伝えるブザーを付けるなどの安全対策は講じているのですが、この日は朝食の後、一瞬目を離した隙に出て行ってしまいました。「施設の開設直後はいろいろなトラブルが起こる」という和田さんの言葉が、当たってしまったのです。

僕は「とんでもないことが起きた」と思いました。一人のお年寄りの命が失われることだってありうるわけですから。

このままカメラを回していいものか、僕たちロケクルーは悩んでいました。

でも、和田さんがいってくるんです。

「こうした事態を招いた私はプロ失格です。でもすべてを撮ってもらえませんか。これも介護の現実ですから」

和田さんには覚悟があったんですね。

人として〝普通に生きる姿〟を支えるために

和田さんが介護の世界に入ったばかりの1980年代。

認知症になれば、体をベッドやイスに拘束されたり、部屋や施設に鍵をかけられたりと、多くの行動が制限されることはあたりまえだと思われていました。

そうした状況に疑問を持った和田さんは、「人として〝普通に生きる姿〟を支える」介護を目指してずっと闘ってきたのだといいます。

「介護っていうのは、やっぱりその人の持っている力を、その人が生きていくうえで必要なことのために引き出していくことだと思うんですけど。

僕は最期まで人として生きてほしい。

人は誰もが自分の持っている力で生きていくんで、持っている力を自分で使いこなせなくなっているのが認知症だと思うから、使えるように使えるように、応援していくのが僕の仕事かな」

だから和田さんの施設では、自分でできることは自分でする。包丁を握り、火を使って料理をし、洗濯、掃除を行い、街へ買い物や散髪にも出かけていきます。

もちろんお年寄りたちは完璧にこなせるわけではありませんし、怪我や事故のリスクだって常について回ります。だからこそ、お年寄り一人一人の認知症の度合いや身体能力などを見極めながら、プロである自分たちが支え続ける。

それが和田さんの信念であり、覚悟だったのです。

●「迷い」と「葛藤」に揺れようとも

行方不明になったおばあさんを一緒に捜すこと7時間。

僕は、どうしても、今、このときに聞かなければいけない質問を、和田さんにぶつけました。

「こんな事態を招いても、施設に鍵はかけないんですか?」

するとと和田さんは、

「思わないですね。24時間365日施錠せいとはならないんですよ。

それをしちゃえば、ほとんど完璧にもう二度とこういうことは、起こさないということになるんですけど、そこには頭はいかないですね」

と即答します。

僕は重ねて聞きます。

「そこに迷いはないんですか？」

すると和田さんは一瞬間を置いて、

「迷います。いっつも揺れています」

和田さんにも迷いや葛藤はあるのです。

自分がやっていることはエゴじゃないか、押しつけじゃないか。ずっと自問自答しているそうです。

そんなときに、いつも和田さんは自分に、こういい聞かせてきたのだそうです。

「認知症の状態にある方って、ずっと自分の意思を行動に移すことを、止められてきた歴史なんですよね。

でも人間って何がステキって、自分の意思を行動に移せることがどれほどステキか。人間が、脳が壊れたからといって、その人間にとっていちばんステキなところを奪ったらアカンと。

できるだけそのことを守っていくというか、守り手にならなアカンって、やっぱり思っているんですよ」

おばあさんの行方がわからなくなって15時間。

警察から連絡が入り、無事に見つかりました。かつてよく参拝をしていた熱田《あつた》神宮に行きたくて、歩いている途中に道がわからなくなってしまったということでした。

「認知症である前に、人なんだよな」

取材をはじめたばかりのころ、和田さんが

「介護施設を建てるのって、結構大変なの知ってる?」

と聞いてきたことがあります。

僕はてっきり、建設費のことをいっているのかと思ったのですが、そうではなくて、地域住民や行政の理解を得るのが大変な場合があるんだそうです。

「認知症のお年寄りが出歩くのは危ない」

「認知症の人に料理なんかさせて火事になったらどうするんだ」

といった反対意見はよく出るので、施設を建てるときには丁寧に丁寧に説明して、理解してもらうことが必要なのだと教えてくれました。

僕は「住民たちが不安になる気持ちはわかるなぁ」と思っていたのですが、それを見透かしたかのように、和田さんは「小国さん、あのな」という感じでこう続けました。

「認知症である前に、人なんだよな」

がつんと殴られたような衝撃でした。

この視点が、僕の中にはまったくなかったからです。

そのとき和田さんは、「認知症の小国さん」と「小国さんが認知症」では、意味がまったく違ってくるんだということを伝えたかったのだと思います。

正直にいうと、僕はグループホームに暮らすお年寄りたちを、「認知症の誰々さん」というふうに見ていました。

どの人を見ても、同じ。ひとくくりで「認知症の人たち」ととらえていました。

なぜそうなったのかと考えてみたのですが、おそらくそれは「認知症」という言葉を中途半端に知っていたからだと思います。

●その人がその人であることは変わらない

認知症という言葉を知らない人は、ほとんどいないでしょう。

僕も当然言葉は知っていました。

でも、このなんとなく知っている感じがヤバイのです。

「認知症ってそういうものなんでしょ」と、どこかわかったつもりになり、自分が〝なんとなく知っている〟イメージから、先になかなか進めないのです。

一方で和田さんは、認知症を「くっつき虫」にたとえます。人に認知症というくっつき虫がくっついただけで、その人がその人であることは変わらない。そこからスタートしようよと。

和田さんにそう教えられて改めてグループホームを見渡すと、本当に人それぞれなんですよね。びっくりしました。

運動神経がよくって、元気ハツラツ！　な人もいれば、お料理が上手で、見事な包丁さばきの人もいる。

お話が上手でみんなを笑わせる人もいれば、下ネタや冗談が大好きな人もいる。

そこに認知症がくっついているので、ちょっとずつずれてきます。

物忘れが激しい人もいれば、徘徊をしてしまう人もいるし、暴言を吐く人もいます。

でも、みんながみんな、いつもいつもそういう状態にあるわけじゃない。

そういうことが少しずつ見えてくるし、ひと言に認知症といっても、それは単色のものではなく、人によってまったく違う、グラデーションがあることがわかってくるんです。


「認知症である前に、人」

このことを和田さんは、地域の住民や行政に何度も何度も伝えて、少しずつ協力の輪を広げてきたのです。

●〝厄介者〟から「あっ、普通だ」

先ほど少し触れたようにこのグループホームでは、毎日施設から700m離れた市場まで、5〜6人が連れだって買い物に行きます。

僕はこれについて行くのが大好きでした。

八百屋や魚屋、お総菜屋に金物屋、ずらりと並ぶ市場を見て回る、おばあさんたちの表情を見ていると、どこにでもいる普通の主婦そのものです。

知らなかったら、どの人が認知症かなんてことは全然わかりません。

街に〝溶け込む〟この感じがいいなぁと思って見ていました。

もちろんそうなるのは、和田さんたちが事前に、市場のお店の人たちにきちんと説明をしているからですが、市場側もそれをきちんと受け入れているからこそ、おじいさん、おばあさんたちが認知症になる前と、あまり変わらない暮らしを続けられるわけですよね。

市場の人にインタビューをしてみると、最初は「大丈夫かな」と思ったし、「面倒だな」と思ったといいます。「厄介者がくると思った」という人もいました。

でも、和田さんたちのサポートを受けながら、おばあさんたちが普通にお買い物をする姿を見て、「あ、普通だ」と思うようになったんだそうです。

「厄介者」だと思っていた認知症の人たちを「あ、普通だ」と受け入れるようになる。

この感じがすごくおもしろいし、ここにとても大事なヒントがあると思いました。

いつかきっと「注文をまちがえる料理店」を作ってみよう

注文をまちがえる料理店を思いつく直接のきっかけは、ハンバーグが餃子になっていたことでした。

しかし、それまでに見たあたりまえの風景の積み重ねこそが、発想の源になっていたのは間違いありません。

その日の献立はハンバーグだったはずだけれど、僕の目の前で、餃子をうまそうにほおばるおじいさん、おばあさんたち。

そんななんてことのない普通の光景が、僕にとっては忘れられない、強烈な〝原風景〟となりました。

僕も餃子を食べ終わる頃には、ハンバーグと餃子を間違えたことなんてすっかり忘れていました。

いつかきっと「注文をまちがえる料理店」を作ってみよう。

つい1か月前まで認知症の〝に〟の字も知らなかった僕は、まだ物足りなそうに箸の先っぽをなめているおばあさんを見ながら、そう誓ったのです。

何かを失って、何かを得る
——あのとき思った〝いつか〟が来た

●「次はどうなるか誰にもわからない」

「注文をまちがえる料理店」のプロジェクトを本格的に立ち上げたのは、2016年11月頃です。

それは、あるアクシデントがきっかけでした。

2013年4月。

僕は突然、心室頻拍《ひんぱく》という病気を発症したのです。

職場からの帰り道、急に動悸《どうき》が激しくなり、呼吸するのがつらくなりました。

汗が止まらず、視野が狭くなり、目の前がまっくらになっていきます。

これはヤバイと思い、ふらふらになりながら救急に入りました。

一時は呼吸が止まったそうなのですが、ICU（集中治療室）で一晩過ごすと、またいつもの自分の体に戻っていきました。

こんな症状になったことはそれまで一度もなかったので、とてもショックでした。

しかし、それ以上にショックだったのが、

「いつ同じ症状が出るかわからないので、ディレクター業はやめた方がいいかもしれません」

という医師からの説明でした。

確かに病気を発症する直前まで、1か月半ほど中国の四川省に行きっぱなしで撮影をしていましたし、今後も海外をはじめさまざまな場所で取材や撮影がありえます。

撮影場所によっては、すぐに駆け込める病院がない場合もあります。

今回は運良く助かったけども、これまでと同じような形でディレクター業を続けるのであれば、次はどうなるかは誰にもわからないという説明でした。

●今じゃん！　そうだ、今だ！

僕はテレビ番組を作ることが本当に好きでした。

自分の知らない世界や知らない情報に直接触れて、多くの人に届けられるこの仕事にやりがいを感じ、相当なエネルギーを注いで生きてきたつもりでした。

しかし、それを諦めなければいけない事態が突然おとずれたのです。

かなり悩みました。

会社の席に座っていると、同僚も上司もとてもよくしてくれます。

ただ、どこか肩身が狭いというか、番組を作れないディレクターは、存在する意味などないのでは……と感じて、申し訳ない気持ちでいっぱいになってしまうのです。

でも、1か月もするとだんだんそんな自分にも、嫌気がさしてきました。

「いつまで自分は悲劇の主人公を演じているんだ」と気分が悪くなり、他にやれることはいくらでもあるだろうと思いはじめました。

僕には、もともとやりたいことがありました。

それは「テレビ局の持っている価値をしゃぶりつくして、社会に還元する」ということです。

取材をしているとさまざまな情報が入ってきますし、人脈も増えていきます。

でも、番組で使うのはそのうちのごく一部だけ。感覚的には99%くらいは捨てている感じです。

そして、番組は一度放送すると基本的にはそれで終わり。同じディレクターが同じテーマで番組を作れる確率は、それほど高くありません。

そうなると99%捨ててしまった情報や人脈が再び浮上することはないわけで、これではあまりにもったいない……と思いながら、僕はディレクター人生を過ごしてきたのです。

いつか僕は、そういうもったいないことをやめるんだ、いつか、いつか、いつか……って今じゃん！　そうだ、今だ！　と。

〝番組を作らない〟ディレクター誕生！

すっかり気持ちが楽になった僕は、動き出しました。

社内の〝国内派遣〟という制度を利用して、大手広告代理店に9か月の研修に出してもらいました。広告やPRという手法を使って、広く多くの人に商品やサービスの価値を伝える仕事はとても新鮮でした。

テレビ局にいると、黙っていても自分の番組が放送波にのって多くの人に届けられるので、そのことが、あたりまえでたいしたことだと思わなくなります。

しかし、世の中のほとんどの商品やサービスは、黙っていたら誰にも知られず消えていきます。いわば「広大な砂漠に看板を立てている」状態です。

だからこそ企業や広告代理店は戦略を練り、あの手この手を使って、サービスや商品の情報を人の口の端にのぼるよう努力をします。このあたりまえの感覚が、テレビ局の人間である僕には、猛烈に欠如していたことに気づきました。

逆にいうと、このあたりまえの感覚をもち続けていけば、もっともっと多くの人に届けたい情報が届けられるのかもしれないと思いました。

9か月の研修を終えて、広告代理店から戻ってからは、番組のPRサイトを作ったり、スマートフォンのアプリを作ったり、これまでのテレビ番組とは異なるアプローチで情報を届けていくプロジェクトを、20も30も立ち上げていきました。

いつしか僕は、局内でテレビ番組をまったく作らない、おかしなディレクターとして認識されるようになり、ついには専用の部署までできました。

心臓の病気のせいで番組を作れなくなったと悲嘆に暮れていましたが、心臓の病気のおかげで、まったく新しい道が拓かれることになるのですから不思議なものです。

そしていくつかのプロジェクトが一段落した２０１６年の秋、「注文をまちがえる料理店」のことをふと思い出したのです。

あ、とうとうあのとき思った〝いつか〟が来たんだ。

最高のクオリティで実現するために〝粋な仲間〟を集めよう！

●「仕事じゃない」からうまくいく

あたりまえのことですが、新しいプロジェクトを立ち上げるとき、必要なのは仲間です。

なにしろ「注文をまちがえる料理店」は、5年間もあたため続けた大切な企画です（途中、思い切り忘れていた時期もありますが……）。

ですから、仲間集めは慎重にやろうと思っていたのですが、これがアッという間に最高のメンバーが集まってしまいました。

その理由はいくつかありますが、いちばん大きかったのは、これが「仕事じゃなかった」からだと思います。

とはいうものの、それを最初から意識していたわけではありません。

やはりテレビ局のディレクターが突然「レストランを作りたい！」といっても、社内の理解はなかなか得られないだろう。

だったら、仕事ではなく、プライベートなプロジェクトとして進めていくしかないよなぁ。

それくらいのノリではじめたのです。

●仲間になってもらいたい人「三つの条件」

しかし、これこそ、仲間を集める上でものすごく重要なこととなりました。

なぜならこれによって僕は、しがらみゼロ、完全に自由に仲間を探すことができるようになったのです。

「なるべく社内のデザイナーを使ってほしい」とか「あの関係会社を使った方が安くできる」

とかそういうことに煩わされないのは非常に楽でした。

僕にあるのは「注文をまちがえる料理店」というアイデアだけです。

このアイデアを最高のクオリティで実現することだけを目的にすえて、他のことは一切考えずに、必要な仲間を集めることに集中することにしました。

そして、仲間になってもらいたい人の条件を、以下の三つにまとめました。

①100%おもしろがってくれる人
②僕にできないことができる人
③自分の利益を捨てられる人

すべては〝プロジェクト成功〟のために

①100%おもしろがってくれる人

これはとても大切な条件でした。

いろいろな人に「注文をまちがえる料理店」の話をしてみると、反応が真っ二つに割れるのです。

一つは「おもしろい！」、もう一つは「不謹慎！」です。

このうち「不謹慎」という感覚は、僕もこれまでいくつもの社会課題を取材してきましたから、ものすごくまっとうだと感じました。

つまり、「注文をまちがえる料理店」というのは、認知症の人を「見せ物」にしたり、「笑い者」にする可能性があるから「不謹慎」だというわけです。

もちろん僕の中にだって、「不謹慎かも……」と思う気持ちはあります。

だけど、今回はどうしても「不謹慎の言葉は禁止！」にしたかったのです。

「不謹慎」というのは簡単ですが、それだと思考がそれ以上前に進みません。

世の中の空気を変えたいならば、不謹慎を越えた向こう側にいかなければならないのです。

「不謹慎だけど、おもしろそうじゃん」

思わずそうやって、「にやり」と笑ってくれる人を、仲間にしようと思いました。

②僕にできないことができる人

「注文をまちがえる料理店」を作ろうと思ったとき、僕は自分ができないことを列挙していくことにしました。

ヒーロー戦隊ものを見ていても、ルパン三世のようなアニメを見ていても、チーム編成で重要なのは、得意分野が重なっていないことだからです。


【僕にできないことリスト】

- ●デザイン
- ●海外展開
- ●IT
- ●お金集め
- ●認知症の知識、介護のスキル
- ●料理・レストラン運営

こうして見ると、僕ができることは、僕にできないことを列挙することくらいで、ほとんど何もできないことがよくわかりました……。

とにかく、「注文をまちがえる料理店」をやるには、これだけの人材が足りません。

そしてここからが大事なのですが、これらの分野から、僕は超一流のスペシャリストを見つけ出さなければいけないのです。

僕は最初から、ミッションを一人で背負うつもりはありませんでした。

僕にできないことは、それができる超一流の人にお願いすればいい。それがこのプロジェクトを成功させる近道だと思っていました。

③自分の利益を捨てられる人

最後、三つ目の条件「自分の利益を捨てられる人」というのは、見極めるのが大変難しいのですが、これを見誤るとこのプロジェクトは失敗すると思っていました。

僕自身は会社の業務と切り離した、完全プライベートのプロジェクトと決めていますので、「注文をまちがえる料理店」で儲ける気もなければ、これを自社のテレビ番組だけで独占して放送する気もさらさらありません。

でも、他の人たちはどうでしょうか。

これで一山あてたいとか、業界で自分や会社の名前を売りたいとか、まあいろいろありえます。

それはもちろんあってもいいのですが、そもそも僕たちは何のために集まるのか？　ということに立ち返ると、それは純粋に「注文をまちがえる料理店」を実現するためだけに、集まっていてほしいわけです。

その中にあって、自分の利益を前面に出す人があらわれると、チームの足並みは必ず乱れ、プロジェクトは崩壊します。とくにこういうボランティアベースのプロジェクトは、そういう危うさがあると思っていました。

だからこそ、本当は自分の利益だって追いたいけど、「最後は目的のためにその利益を捨てられるよ、こんちきしょう！」という粋な人たちを仲間にしたいと思ったのです。

集結!!　考えうる限りの最高のメンバー

仲間になってもらいたい人の条件が明確にあったので、声をかけたい人はすぐに頭に浮かびました。こんな感じです。

●デザイン&海外展開

近山知史さん（TBWA／HAKUHODO）に声をかけました。

近山さんは海外でも数多くの広告賞をとっている、業界では有名なクリエイティブ・ディレクターですが、彼のことを「すごくいいなぁ」と思ったきっかけは、車いすのプロモーションの話をめちゃめちゃ熱く語ってくれたことでした。

会社の売り上げとしては、おそらくそれほど大きいとは思えない、車いすのプロモーションについて、これだけ熱心に語れるというマインドに惚《ほ》れました。

さらに、近山さんが体験したという、あるファストフード店での話も決め手になりました。

そのお店はお年寄りを積極的に雇用していて、その人たちの接客が実にあたたかいことが評判でした。

近山さんはそのお店が大好きでよく行っているらしいのですが、あるとき頼んだものとは、ちょっと違うものを出されたといいます。

思わず「これ違います」といって取り替えてもらったのだけれども、そのことを今でも後悔しているという話でした。

この話だけでも、近山さんの人となりがわかります。

また、「注文をまちがえる料理店」のコンセプトは、海外にも発信したいと思っていたので、外資系企業をクライアントに多くもつ、TBWA/HAKUHODO の近山さんがいいと思ったのです。

近山さんに「注文をまちがえる料理店」の話を持って行ったら、即答で「やります」といってくれました。

そして、すぐに社内の超絶優秀なアートディレクターである、徳野佑樹さんと小川貴之さんを集めてくれ、おちゃめなてへぺろのロゴマークができあがったのです。

●IT

岡田聡さん（Yahoo! JAPAN）に声をかけました。

岡田さんは、国内最大級のインターネットポータルサイトYahoo! JAPAN全体の編集責任者であり、メディア事業のマネジャーをつとめる人です。

おそらくそうとう偉い方なのだと思いますが、話していると全然そんな感じがしません。

リオのパラリンピックの時期に、僕があまりにも視聴者がパラリンピックに関心を持ってくれないことを嘆いていたら、Yahoo!内のメディアを使って、パラリンピックのあり方について世の中に問う仕掛けをすぐに実施してくれたことがありました。

とにかくフットワークの軽い〝現場の人〟という印象でした。

そんな岡田さんならきっと……と思って声をかけたら、やはり即答で「おもしろい！」といってくれました。

「注文をまちがえる料理店」についての情報を発信しようと思ったとき、インターネットの力は必ず必要になると思っていました。

実際6月のプレオープンのとき、最初に世の中に出た記事はYahoo!から発信され、それが瞬く間に世界中に拡散され、大きな注目を集めることになりました。

●お金集め

米良はるかさん（Readyfor）に声をかけました。

Readyforは日本最大級といわれるクラウドファンディング（※インターネットで不特定多数の人から資金を調達する仕組みのこと）の会社で、米良さんはその創業者。

つまりは社長さんです。

彼女は僕よりずいぶん若いのですが、日本人最年少の25歳で世界経済フォーラム（ダボス会議）のメンバーに選ばれるほどの凄腕経営者です。

でも、米良さんがいいなと思ったのは、会社を立ち上げたきっかけの話を聞いたからでした。

学生時代にパラリンピックのスキーチーム日本代表と出会い、彼らがワックス代が捻出できず苦労していることを知り、100万円の寄付を募るプロジェクトを立ち上げたんだそうです。

それが米良さんの会社の原点だという話をしている、そのときの表情がなんともいえずよかったのです。

プレオープンはカンパなどのお金で、どうにか乗り切りましたが、今後、本格的に「注文をまちがえる料理店」をやるときには、決して少なくないお金が必要であろうことは容易に想像できました。

その資金集めのためには、クラウドファンディングの仕組みを使うのがいちばんいいと思ったのです。

大企業をスポンサーにつけられれば話は早いのかもしれませんが、それよりも多くの人の少しずつの善意と応援をもらって立ち上げる方が、このプロジェクトらしい広がりが得られると思ったからです。

だとしたら、米良さんを誘ってみたい。プレオープンの時点から参加してもらい、クラウドファンディングで資金を集める際、どうやって集めていくのがベストかを正確に見極めてもらいたい。

そう思って声をかけたら、キラキラした目で「絶対やる!」といってくれました。

すぐにプロジェクトキュレーターの夏川優梨さんらを呼び、「注文をまちがえる料理店」の資金集めについて、全面的にサポートしてくれる体制を作ってくれたのです。

●認知症の知識、介護のスキル

これはもちろん和田行男さん。

和田さんとは何度も構想を話しあっていましたが、和田さんが統括マネジャーをつとめる介護福祉事業大手の大起エンゼルヘルプの小林由憲社長にも会わせてもらい、改めて「注文をまちがえる料理店」についてきちんと話しました。

すると、和田さんは「うちにはいい働き手になる、婆さん(和田さんは〝認知症の状態にある方の総称〟として、敬意と親しみを込めてこう呼んでいます)がぎょうさんおるから、使ってや」といってにやりと笑うのです。

これはいつもの和田さん流の冗談ですが、でも実際に「注文をまちがえる料理店」には、本当にステキなおじいさん、おばあさんが来てくれました。

●料理・レストラン運営

この分野が、いちばん時間がかかりました。

僕は本当に食の分野に疎く、これまで番組でも食に関する取材をしたことがなかったので、この業界に関する〝土地勘〟がまるでありませんでした。

しかし、ツテをたどって、力石寛夫さん（トーマス アンド チカライシ）を、ある方から紹介してもらうことができました。

力石さんは、帝国ホテル、虎屋、ロイヤルホールディングスといった外食、ホテル、食品産業を中心に、年間数十社のコンサルティング業務や人材育成に取り組むなど、〝ホスピタリティ業界の父〟といわれる人です。

ホスピタリティ、つまり〝おもてなし〟ということですが、その道を追求し続けてきた力石さんに「注文をまちがえる料理店」について話してみると、「おもしろい！」といってくれて、その場ですぐに「77会」を紹介してくれたのです。

「77会」は2005年7月7日に、力石さんが外食サービス業界の〝活きのいい〟20〜40代の若手経営者二十数人を集めて立ち上げた企業横断の勉強会です。

今でも毎月一度は集まって勉強会をしているから、その場でプレゼンテーションをしてみたらどうだろうか、と提案してくれました。

「きっとおもしろがって、誰かが協力してくれると思うよ」とさらりといってくれるのですが、僕は緊張しまくりです。

だって、これまでの人生で20人以上の社長さんの前でプレゼンテーションなんて、したことがありません。

「ここでこけたらこのプロジェクトはおしまいかも……」というプレッシャーもありましたし、プレゼンテーション前日の夜はまったく眠れませんでした。


そして、いよいよプレゼンテーション本番。

与えられた時間は15分。

ゆっくり丁寧に自分の思いを語りました。

プレゼンが終わると、すぐに手を挙げて「やりますよ」といってくれたのが、これまでたびたび登場している木村周一郎さん（ブーランジェリーエリックカイザージャポン代表取締役）でした。

木村さんからは、「〝注文をまちがえる料理店〟を開催する場所はどうするつもりなのか」と、聞かれたので「まだ何も決まっていません」と答えると、「いい場所があるから明日の朝見に来る?」といわれたので、勢いで「はい!」と答えました。

そして、木村さんの紹介で座席数12席の、小さいけれどもすごくステキな雰囲気のレストランを、使わせてもらえることになりました。

こうして「注文をまちがえる料理店」には、わずか2か月あまりで、考え得る限りの最高のメンバーが揃うことになったのです。

僕たちが大事にしようと決めた「二つのルール」

●甘えが入れば、妥協が生じる

最高のメンバーが揃い、いよいよ「注文をまちがえる料理店」の開店に向けて、実行委員会での打合せがはじまりました。

みんな非常に忙しいので、だいたい月に1回から2回、顔を合わせてミーティングをして、あとはメールでのやりとりで進めていくやり方をとりました。

僕たちが「注文をまちがえる料理店」の中身を具体的に考えていく中で、大事にしようと決めた〝ルール〟が二つあります。

①料理店としてのクオリティにこだわる（オシャレであること、料理がおいしいこと）

②間違えることは目的ではない。だから、わざと間違えるような仕掛けはやらない

「注文をまちがえる料理店」というからには、料理店としての体裁がしっかり整っていることがとにかく大事です。

もし仮に僕たちに福祉的な〝いいこと〟をやっているという意識が少しでもあったら、そこに甘えが生じる可能性があります。

「いいことやっているんで、多少イケてなくても許してね」は絶対にダメです。そんな甘えが入ったとたんに、妥協が生じるような気がしたのです。

だって、注文をしても、間違ったお料理が出てくるかもしれないわけです。

そんなとき、お店の雰囲気がオシャレでなく暗い感じで、出てくる料理の味もイマイチだったら、さすがに怒られちゃいますよね。

それだけは絶対に避けなければいけませんでした。

そこでまず着手したのが、「注文をまちがえる料理店」のロゴマーク作り。

はじめてそのロゴを見たとき——、僕は震えました。

「間違えちゃってごめんね」と舌をぺろっとだした〝てへぺろ〟に、注文をまちがえるの〝る〟が横になっているこの感じ……か、かわいいっっ!!

メンバー全員が一瞬で心を奪われました。

このロゴにこそ、「注文をまちがえる料理店」の世界観が、ぎゅっと凝縮されているような気がしたのです。このロゴを中心に据えて、お店の雰囲気を作っていけば、絶対にオシャレになると確信しました。

そして、料理店のベース色を白で統一し、かわいいロゴマークを随所にうまく使いながら、レストランの内装や外装を設計。お客さまが注文を間違われても許せちゃう、あたたかい雰囲気作りを徹底して追求していきました。

次はおいしい料理です。

これについては、飲食のプロフェッショナルである木村さんが実行委員会に入ってくれたことで、視点がぐっと広がりました。

木村さんいわく、まず味の話をする前に、値段設定が大事だというのです。お客さまが間違われて絶対に受け入れられないのは、味以上に値段。

800円の料理を頼んだのに1200円の料理が届いて、400円余計に払わされるというのは、どれだけこの料理店のコンセプトに共感していて、どれほど料理の味が良くても納得がいかないだろうと。

だから、料金は絶対に均一にするべきだということで、一律1000円になりました。

さらに、お客さまは運ばれてきた料理を見た瞬間に値踏みをする。

その料理が、自分の払う値段以上の価値があるかどうかというのを一瞬で判断するので、その期待を超える料理を提供しなければいけないというのです。

木村さんの呼びかけもあって、「77会」全体としても協力していただけ、吉野家ホールディングスの河村泰貴社長と、東京の新橋を中心に展開する中国料理の名店、新橋亭の呉祥慶社長が参加。

そして、どれを食べても、おいしすぎるくらいおいしい、1000円という値段に対するお客さまの期待値をはるかに超える、オリジナルメニューを提供してくれることになったのです。

さらに、アレルギーや衛生面の問題への配慮についても、細やかなアドバイスをもらって、料理についても、安心安全で圧倒的なクオリティを担保できるようになりました。

●たとえ「不謹慎」といわれようとも

ここまで読んでいて、「〝注文をまちがえる料理店〟ってなんのプロジェクトなんだっけ?」と、ふと疑問に思われた方もいらっしゃるかもしれません。

だって認知症の〝に〟の字も、でてこないわけですから。

でも、僕はむしろそれが大事だと思っていました。

イソップ物語の「北風と太陽」にたとえていうと、太陽的なアプローチというのがすごく大切だと思っているからです。

北風のように「この問題が大変だぞーっ」と伝え続けるのも、もちろん大切です。

でも、どうやったらみんなが「行ってみたい」と思うお店になるのか、どうやったらお客さまが心からワクワクできる空間を作れるのか。

そうした、太陽のようなエンターテインメント性に徹底的にこだわる。

その方が、普通だったらみんなが目を向けたいとは思わない問題にも光が当たるのではないかと思ったのです。

もちろん、そうした姿勢は不謹慎という批判を浴びるかもしれません。

でも、それでもやり抜く意味がこの料理店にはあると、僕だけでなく、実行委員会のメンバー全員が腹をくくっていたように思います。

「間違える」のはつらいこと

しかし、このエンターテインメント性に、こだわればこだわるほど、自らを苦しめることになったのが、実行委員会が大切にしていたもう一つのルール「間違えることを目的としない。わざと間違える仕掛けはしない」という点です。

これは最後の最後まで本当に悩みました。

侃々諤々《かんかんがくがく》の議論を交わしましたが、実行委員会の中で「これだ！」という軸を作ることがなかなかできなかったのです。


というのも、こういったタイトルのお店ですから、お客さまの期待が「注文を間違う」ことに集中しかねない。いや、むしろそれを期待して、このレストランにいらっしゃる方も、少なくないかもしれないぞ……と思っていました。


お客さまがワクワクした気持ちで来店して、そこで認知症の状態にある方と触れあうことで、認知症のことを知るきっかけを作る。

というのは、こちらの勝手で理想的なストーリーです。

そんなことよりも、ある種のエンターテインメントとして「注文を間違えることを楽しみたい」というお客さまの方が多く集まったら、間違わないで普通にお料理が届いた場合がっかりさせてしまうのではないか。

だとしたら、どこかにさりげなく「間違える可能性」を、設計しておいた方がいいのではないだろうか?

最終的に「でも、やっぱり、わざと認知症の方が間違えるように設計するのは、本末転倒だよね」とみんなの意見が一致したのは、プレオープンを二週間後に控えた、最後の全体ミーティングのときでした。

実行委員会の打ち合わせには、若年性認知症の三川泰子さん(43ページ)も出席していました。

実行委員会が、〝ふわふわしたお祭り気分にならず、「〝認知症の状態にある方〟がそこにいる」という緊張感を持てるようにと、和田さんが三川ご夫婦と、ある若年性認知症の家族の会の方をミーティングにお呼びしていたのです

ただ、泰子さんは、その間ほとんど口を開くことはありませんでした。

ここで、僕はどうしても聞いてみたかった質問を泰子さんの夫の一夫さんにぶつけました。

「この〝注文をまちがえる料理店〟について、どう思われますか?」

「間違える可能性を料理店の中に組み込むかどうか」ということを、当事者である泰子さんやそのご家族である一夫さんの前で議論していることに対して、どこか後ろめたさがあって、そ

れで耐えきれず聞いたのだと思います。

すると一夫さんが、困ったなという顔をしてこう答えました。

「〝間違えちゃうかもしれないけど、許してね〟っていうコンセプトはとてもいいと思うんです。でも、妻にとって、間違えるということは、とても、つらいことなんですよね……」

その言葉は僕の胸に、深く深く突き刺さりました。

あぁ、なんて自分はバカだったんだろうと思いました。目の前で少しはにかみながら、僕たちの話を聞いていた泰子さんはどんな気持ちだったのだろう。

「間違えることは、つらいこと」

――そんなのはあたりまえのことじゃないか。

●「それでも間違えたら許してね」

一夫さんのひと言が、「注文をまちがえる料理店」の方向性を決めました。

やっぱり、わざと間違えるような設計は絶対にやめよう。

間違えないように最善の対応を取りながらも、それでも間違えちゃったら許してね（てへぺろ）という設計にしようとメンバーで一致しました。

「クオリティにこだわること」「わざと間違えるような仕掛けはやらないこと」――この2つの大きな柱がしっかり決まったことで、「注文をまちがえる料理店」は、その方向性だけはまちがえることなく進めていけそうだぞ。

そんな気持ちになったのです。

おおらかな気分が、日本中に広がることを心から願って

「ま、いいか」という寛容さ

「注文をまちがえる料理店」を二日間やってみて、驚きと発見の連続でした。

まず、いちばんの発見は、ものすごい数の間違いが起きるんだなということです（笑）。

しかし、そこで興味深かったのは誰一人として怒ったり、苛立ったりした人はいなかったということです。

僕も好奇心から、「注文をまちがえる料理店」をお客の立場として体験してみました。

そうしたら、怒らない、苛立たないという気持ちがわかりました。

お店に入って、注文を取りにきてくれたときは「間違えられちゃうのかな……」と、ちょっとドキドキします。

でも、次の瞬間から「何が届くんだろう……」と、料理がくるまでが楽しみでしかたがない。ワクワクがおさえきれない感じです。僕はピザを頼みましたが、ちゃんとピザが届きました。ちょっとがっかりします（笑）。

そして、食後のドリンクでコーラを頼みました。

そうしたら、同じ席の隣の人が注文したアイスコーヒーが、僕の目の前に運ばれてきました。

「あっ」と思いました。

明らかにしゅわしゅわした炭酸感がない。これは間違えだ。どうしよう。

このことを店員さんに伝えるべきか、黙っているべきか。

う～ん、と悩んでいる間に、もうおばあさんは涼しい顔してどこかへ行ってしまいました。

で、こう思います。「ま、いいか」。

隣の席の人と「このアイスコーヒーあなたのですよね」「そうそう、このコーラはあなたのですよね」といって交換すればおしまいです。
たったそれだけのことで、間違いは間違いじゃなくなるんです。
自分で企画しておいてなんですが、こんな感覚になるなんて、すごく新鮮でした。
世界の見え方が、まるで変わったような気がしました。

僕のこの感覚は企画者のひとりよがり、ということでもないようで、お客さまのアンケートを読んでみても、かなり多くの方が同じような気持ちを抱いたようです。

■サラダが2回出てきたけど、スープはきませんでした。でもそれもまぁいいかと思います。たいした問題ではない。それでいいんです。
■普通のお店なら怒るかも知れないけど、笑顔で受け止めることができました。
■間違っても大丈夫な空気がありました。

このお客さまたちの醸し出す〝寛容〟な空気。
この寛容さこそが、「注文をまちがえる料理店」が目指していた一つの到達点でした。

●間違えを受け入れ、一緒に楽しむ

あたりまえですが、この料理店で認知症のさまざまな問題が解決するわけではありません。

でも、間違えることを受け入れて、間違えることを一緒に楽しむ。

そんな、ほんのちょっとずつの〝寛容さ〟を社会の側が持つことができたら、きっとこれまでにない新しい価値観が生まれるのではないかと思ったのです。

そもそも、たいていの間違いというのは実はたいしたことではなくて、ちょっとしたコミュニケーションで解決してしまうんですよね。

とはいうものの、そんなに簡単にみんなの寛容さ――「ま、いいか」スイッチが、入るわけではありません。

そういう気分にさせる、いくつもの仕掛けが必要です。

「注文をまちがえる料理店」というタイトル、お店の世界観が一目でわかる「てへぺろ」のロゴマークはもちろん、値段が均一だったり、アレルギーの問題を心配しなくてもよかったり、どの料理もおいしそうだったり、そういう点も大事な仕掛けとなります。

人は余計な不安があると、寛容な気持ちになれといわれても、なれるわけがありません。

多くのお客さまから大好評だった三川さんご夫婦の演奏も、大切な仕掛けでした。

「60分でできる」ことでも「90分かけて」やる

「注文をまちがえる料理店」では、効率的なオペレーションをできるだけ排除しました。

しかし、このことが、「注文をまちがえる料理店」を運営するうえで、もっとも難しいということが、やっていく中でわかっていきました。

どういうことかというと、僕たちは意識をしないと、すぐに効率的な方向にものごとを動かそうとしてしまうのです。


料理店の中を仕切ってくれた木村さんは、飲食業のプロフェッショナルです。

ですから、きちんとこのお店がレストランとして、まわっていくためにどうするのがいいか、瞬時に判断できます。

木村さんの指示はとても的確で、それだけにホールで注文を取る方が、だんだんと判断することや思考することを、やめてしまったように見える瞬間が何度かありました。

これは、やはりいい状態とはいえません。

「注文をまちがえる料理店」ではなく、「単に高齢者の方がたくさん働いているレストラン」になってしまいかねません。

一方、和田さんたち福祉の専門家は、認知症の状態にあっても自分たちの意思で、もっと自由に動き回ってほしいと考えます。これはこれで非常におもしろいのですが、ともすると無秩序となり、料理店の体《てい》をなさなくなります。

なぜなら、サポートスタッフに飲食店で働いた経験がある人はほとんどいませんし（いてもアルバイト程度の経験です）、なんといっても、おじいさん、おばあさんは認知症の状態なのです。

これをそのままにしておけば、僕らが譲れないルールとして定めた「料理店としてのクオリティにこだわる」に反する可能性が大いにあります。

このせめぎあいはすさまじいものでした。

お互いがプロとして絶対に譲れない部分だからです。

でも、どちらのプロでもない僕は、ぶつかり合いを前にどうしたものかと悩んでいました。

そして、二日目の朝、料理店が始まる前のミーティングでみなさんにこう伝えました。

「料理店としてのクオリティは絶対に守りましょう。でも、60分でできることを、45分でやろうとするのはやめましょう。60分でできることを、90分かけてやるくらいのつもりでやりましょう」

各分野のすばらしいプロが集まっている、「注文をまちがえる料理店」だからこそできた決断でした。

その結果、料理店の中では注文を取っているうちに、お客さまに昔話を披露してしまったり、ベビーカーでいらっしゃったお客さまの子どもをあやしはじめたり。

お客さま一組につき、やはり70分~90分ほどかかり、たくさんのお客さまを長時間、外でお待たせすることになってしまいました。

普通のレストランなら、それは非効率だし非常識なことなので、即刻やめたほうがいいんじゃないかと思うような光景がたくさん繰り広げられました。

ただそれでも、認知症の状態にあるホールスタッフにたくさん指示を出したり、先回りして対応したくなる気持ちをぐっとこらえてもらい、お店の中の空気だけは、なるべくせかせかさせず、ムダで非効率かもしれないコミュニケーションを、たくさん重ねてもらうようつとめました。

ゆったりと流れる時間、リラックスした空気につつまれた特別な空間。

その演出ができてはじめて、みんなの「ま、いいか」スイッチが入っていったのだと思います。

（でも、お客さまを待たせすぎたのは、大反省しました……）

〝コスト〟が〝価値〟に変わった

こうしたさまざまな仕掛けを通して、お客さまの〝寛容さ〟を引き出すことは成功したように思います。

しかし、どうやらみんなの〝寛容さ〟が引き出されすぎたようで、アンケートを読み進めていくと、企画者の僕が予想すらしなかった、思わず吹き出してしまうようなコメントが次々に飛び出してきました。

たとえば、こんな感じです。

■間違いに気づいたときの、おばあちゃんのてへぺろがかわいくてステキでした
■注文を間違える様がなぜかかわいらしく、許せる気になりました
■おばあちゃんたちの注文を間違えた時のてへぺろは、いろんなバリエーションがあってかわいらしかったです

ちょっと待ってください。怒ったり、苛立ったりしないのは予想の範囲内だったのですが、「かわいい」ってなんですか？

さらに、アンケートにはこんな感想が続きます。

■注文を間違われて、嬉しかったです！
■メニューを間違われたとき、どれもおいしそうで迷っていたので、むしろ助かりました(笑)
■もっと間違えてもいいと思いました

ここまでくるとかなり頭が混乱してきます。

だって、「間違われて、嬉しかった」という言葉は、日本語としてかなり変です。「間違われて」のあとにくる言葉は「腹が立った」が普通です。

間違えることは良くないことであり、間違えないために努力を重ねることが普通……ですよね？「間違われて、嬉しかった」とは、いったいどういうことなのでしょうか？

うーむ……とアンケートを前に頭を抱えてしまった僕ですが、あるときはっと気づきました。

このプレオープンの二日間で僕が目撃していたのは、「〝コスト〟が〝価値〟に変わった」瞬間だったのです。

●堂々と自信を持って働ける場所

これまで間違えるという行為、あるいは認知症という状態は、社会的には〝コスト〟と考えられてきました。

しかし、「注文をまちがえる料理店」という存在が登場することによって、その間違えるという〝コスト〟がぐるんっとひっくり返り、大きな〝価値〟に変わってしまったのです。

実際、「注文をまちがえる料理店」の中にいると、哀れみや同情、かわいそう……といったネガティブな感情がほとんどみうけられませんでした。

それはもちろん、わずか1時間あまりの限られた時間だからこそ、楽しく寛容な心でいられるという側面はあるでしょう。もし身近な家族に認知症を抱える方がいらっしゃれば、「そんな気持ちに簡単にはなれないよ……」となるだろうと思います。

ただ、それでも、「注文を間違える料理店」の中では、お客さまが認知症の状態にある方を見つめる視線が、こちらが不思議になるほどキラキラしているのです。


なぜ、キラキラが生まれるのか。

その答えはたぶんシンプルです。

みなさんが堂々と、自信をもって働けているからです。

●大丈夫、大丈夫。うまくいかせなくて、大丈夫

客観的に見て、「注文をまちがえる料理店」は、とてもうまくいったと思います。

どの仕掛けもきちんと意図通り作用し、働く認知症の状態にある方とお客さまとが、間違えることを受け入れ、間違えることを一緒に楽しむことができました。

本当にすばらしい二日間で、それはどこか夢のような時間でした。

でも、僕はプレオープンの当日を迎えることが、本当は嫌で嫌でたまりませんでした。

2017年6月3日。天気は晴天でした。

夏を先取りしたかのような、スカッとした青空が広がっていました。

それなのに僕は、レストランに向かう電車の中で不安で胸が押しつぶされそうでした。

正直に言うと、前の晩はまったく眠れませんでした。

もっと言うと、吐きそうなくらい緊張していました。

やはり怖かったのです。

戸惑うお客さまの様子、右往左往してつらそうに注文を取るおじいさん、おばあさん。

そんなネガティブな映像がぐるぐると頭を巡るのです。

あぁ、なぜこんなことを企画してしまったのだろう。

レストラン会場が近づくにつれて、不安がどんどん大きくなっていきます。

「どうしよう、本当にもう行きたくない！」と思った瞬間、僕は2012年に見た〝原風景〟を思い出していました。

和田さんが総括責任者をつとめる介護施設で、ハンバーグと餃子を間違えながらも、ほのぼのお料理を作り、おいしそうに食べていたおじいさん、おばあさんたちの姿です。

大丈夫、大丈夫。

うまくいかせようと思わなくて、大丈夫。

変な感覚ですが、そう思うと、ふっと気が楽になりました。

そして、僕の目の前には、あの時見た〝原風景〟と同じか、それ以上にすばらしい世界が広がっていました。

僕たちは、お店の中に次のようなメッセージを書いた、1枚のボードを掲げました。

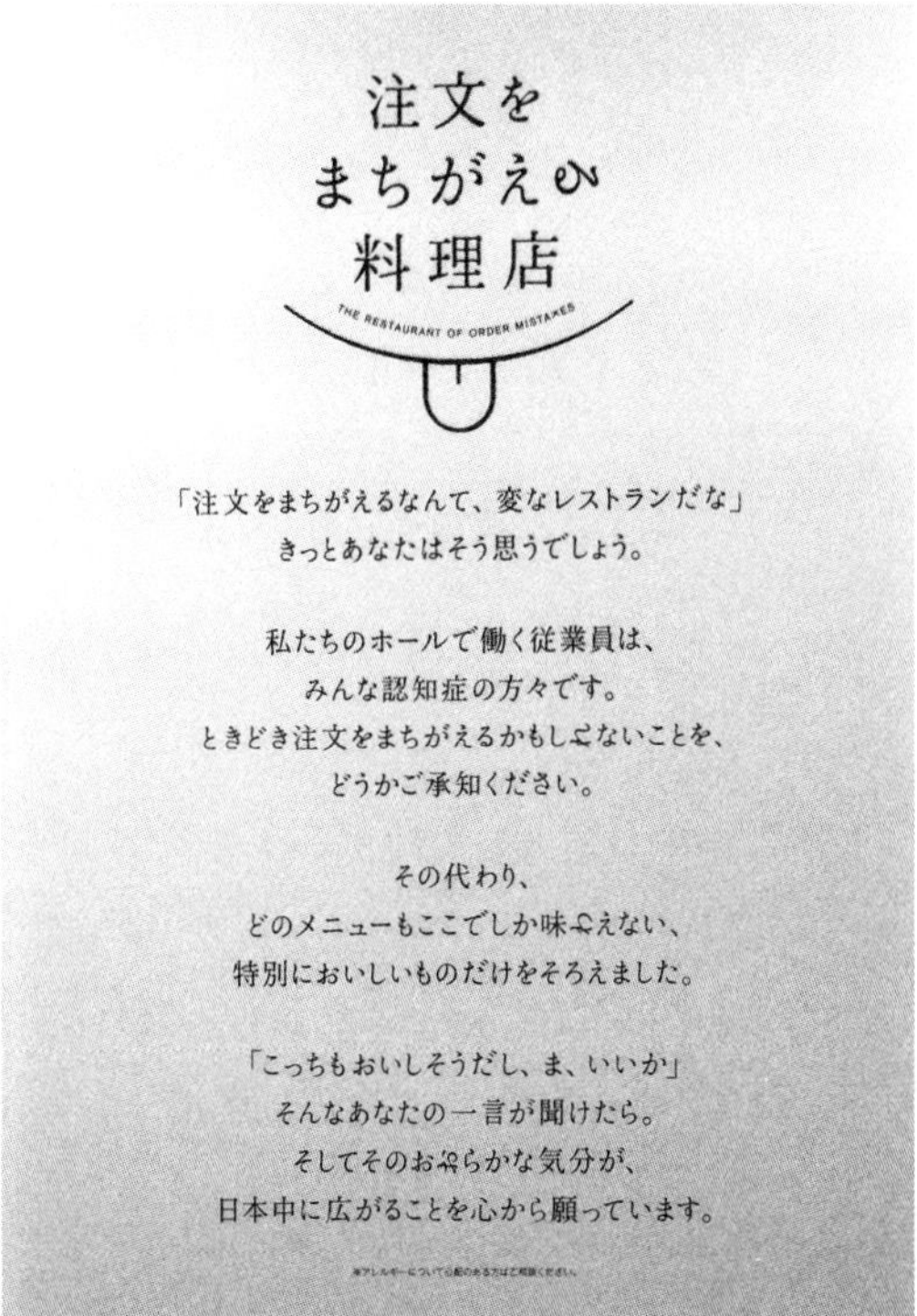
注文を
まちがえる
料理店
THE RESTAURANT OF ORDER MISTAKES
「注文をまちがえるなんて、変なレストランだな」
きっとあなたはそう思うでしょう。
私たちのホールで働く従業員は、
みんな認知症の方々です。
ときどき注文をまちがえるかもしれないことを、
どうかご承知ください。
その代わり、
どのメニューもここでしか味わえない、
特別においしいものだけをそろえました。
「こっちもおいしそうだし、ま、いいか」
そんなあなたの一言が聞けたら。
そしてそのおおらかな気分が、
日本中に広がることを心から願っています。
お店に掲げたボード

「注文をまちがえるなんて、変なレストランだな」
きっとあなたはそう思うでしょう。

私たちのホールで働く従業員は、
みんな認知症の方々です。
ときどき注文をまちがえるかもしれないことを、
どうかご承知ください。

その代わり、
どのメニューもここでしか味わえない、
特別においしいものだけをそろえました。

「こっちもおいしそうだし、ま、いいか」
そんなあなたの一言が聞けたら。
そしてそのおおらかな気分が、
日本中に広がることを心から願っています。

伝えたいメッセージは――ありません

●すばらしい原作と映画の関係

「注文をまちがえる料理店」のプレオープンの二日間を終えて、心地よい疲労感といくばくかの達成感に浸れたのは一瞬でした。

プロローグで書いたように、翌日から国内のテレビ、新聞、雑誌をはじめ、海外メディアからの問い合わせも殺到したのです。

本当にたくさんの反響と取材の依頼をいただきながら、すべてにこたえることができないのは大変つらく、申し訳ない気持ちでいっぱいでした。

そのことが本書を書く動機になっていますし、こうして自分の言葉で書いていくことで、「注文をまちがえる料理店」について改めて整理することができました。

正直なところ、僕はただ和田さんのグループホームで見た風景が、あまりにもステキだったので、それをちょっとアレンジして再現しただけです。

すごいのはオリジナルの風景の方だという思いは、僕の中に根強くあります。たとえるなら、すばらしい原作と映画の関係に近いのかもしれません。

僕は和田さんの施設で「ハンバーグと餃子の物語」に出合い、「注文をまちがえる料理店」という「エンタメ作品」を作ったような感じがするのです。

●それぞれの感性でもっと自由な解釈を

だから誤解を恐れずにいえば、僕はずっと子どものようにワクワクしながらこのプロジェクトに取り組んできました。

もうむちゃくちゃ楽しかったし、たぶん誰よりもおもしろがっていたと思います。

よくメディアの方に取材をしていただく際に「この料理店を通して伝えたいメッセージはなんですか?」というご質問をもらうのですが、ないんです。

なんとかひねり出そうとするのですが、やっぱりないんです。

「注文をまちがえる料理店」は、そこに触れた人がそれぞれのバックグラウンドをもって、それぞれの感性で自由に感じてもらうのが一番いいと思っています。

先ほどの映画のたとえは、自分でいっていながら、なかなかいい得て妙だなと思いはじめているのですが、僕は映画を見るときに、作り手のメッセージが前面に出ている作品は好きじゃありません。

でも、この感覚って多くの方が同じじゃないでしょうか。

だから、この不思議な名前のレストランは、この本を通じて、もっともっと自由に解釈されていけばいいなと思います。

Epilogue

注文をまちがえる料理店

THE RESTAURANT OF ORDER MISTAKES

の これから

●一人一人が「仲間」

2017年9月16～18日、東京六本木で「注文をまちがえる料理店」は再びオープンしました。

またまた素晴らしい仲間、企業が多数参加してくれました。

絶品〝タンドリーチキンバーガー〟の開発だけでなく、素敵な場所も提供してくれたのはRANDY。

フォークで食べる画期的な〝汁なし担々麺〟を開発したのは一風堂。

〝ふわとろ卵のオムライス〟を提供してくれたのはグリル満天星。

デザートは〝てへぺろ〟の焼印が入った虎屋の特製和菓子。

飲み物は、食事とデザートにぴったりあった味を演出するカフェ・カンパニーのコーヒーとサントリーのお茶とジュース。

さらに、オーガニックコットンで作られたナプキンとおてふきをアバンティ、素敵なアップライトのピアノをヤマハミュージックジャパンが提供してくれました。

そして、認知症を抱えるホールスタッフは総勢18人。

中には、6月のプレオープンのときにも参加してくれた人の姿もありました。

9月21日の世界アルツハイマーデーを前に開催した料理店には、300人ほどのお客さまがお越しになり、大盛況のうちに終わりました。

大きな事故もなく、無事に開催できたことに心からホッとしました。

また、9月の開催にあたって、僕たちはReadyforのクラウドファンディングサイトを使って資金を調達しました。

24日間の期限で目標額800万円に対して、493の個人、企業、団体から1291万円のご支援をいただくことができました。

この場で改めて、心からのお礼を申し上げます。

本当にありがとうございました。

僕たちは企業協賛ではなく、クラウドファンディングにこだわったのですが、結果的にすごくよかったと思います。

「お金を出す」という方法を通して、このプロジェクトの一員になってくださる人が、たくさん増えていく。

それは、単に資金が集まるということ以上の意味があるように思えたからです。

実際、このプロジェクトを知って、自主的にグループを立ち上げて一口1000円からのカンパを募り、何十人という仲間と一緒に支援してくださったというケースもありました。

また、高校生が大切なお小遣いの中から、お金を出してくれたという話も聞きました。

この一人一人が、「注文をまちがえる料理店」の趣旨に賛同してくれている仲間なのだと思うと、ものすごく心強く思いました。


今回の300人のお客さまの9割は、クラウドファンディングで寄付をしてくださった方々のためのお席でしたが、残りの1割は当日券としてとってあり、毎朝11時開店の1時間前から販売を開始して、先着順としていました。

その二日目の朝のことでした。

その日はちょうど東京に台風が直撃するという最悪の日だったのですが、朝8時前には人の列が。その中のお一人は「どうしても当日券が欲しかったんです！」ということで、前日夜行バスに乗って京都から来たというのです。

本当にびっくりしました（当日券は三日とも、販売と同時に売り切れる人気ぶりでした）。

●そこには〝あたりまえ〟の風景が広がっていた

3日間で一番「よしっ！」と思ったのが、間違いの数が劇的に減ったということです。

プレオープンのときには間違い発生率は60％でしたが、9月は30％に減りました。

僕たちのオペレーションをもう一度ゼロベースで見直し、より間違えないようにするためのサポート体制を敷いた結果でした。

「注文をまちがえる料理店」は「注文をまちがえない料理店」になろうとしているわけですが、僕はそれでいいのではないかと思っています。

本当に重要なことなので、何度も繰り返しいいますが、僕たちは間違えることを目的にはしていません。

間違えたくて間違えている人はいないし、忘れたくて忘れている人はいない。
だから、適切なサポートをすれば、認知症を抱えていたって働ける。
お客さまも喜ぶサービスだって十分に提供できる。

その可能性を示せたのだとしたら、それは大きな一歩だと思ったのです。

料理店の中には、かつて僕が和田さんのところで見た〝あたりまえ〟の風景がたくさん見られました。

誰にいわれるでもなく、ヨシ子さんはコップに水がなくなればすっと注ぎにいき、史彦さんは床にごみが落ちていればさっとほうきではいていました。

6月のプレオープンが終わってから、毎日何時間も練習をされていたという、三川泰子さんのピアノは磨きがかかっていて、初日の1回目の演奏は一度も間違えることなく、一夫さんとステキな音を奏でていました。

「当事者の姿」が世の中を変えていく

三日目の最後。

和田さんがお客さまの前に立ち、お礼のあいさつをしました。

自分が介護の世界に飛び込んでからの30年を振り返り、最後に「僕がこの仕事に就いたときは、本当にこんなことができるとは思いもしませんでした」というと、涙を流されました。この三日分ではなく、30年分の思いが詰まったあいさつでした。

気づけば、そのあいさつを聞いていたお客さまはもちろんのこと、スタッフにも涙を拭っている人が多くいました。

料理店の出口でお客さまをお見送りするとき、僕は和田さんの隣に立っていました。

一人一人に「ありがとうございました」とお辞儀をし、最後のお客さまを見送ったあと、和田さんが誰にいうともなく「当事者の姿が、世の中を変えていくんだよなぁ」とつぶやきました。

僕は和田さんにあえて何も聞きませんでした。

なんとなくではありますが、僕にもその意味がわかった気がしたからです。

●「注文をまちがえるカフェ」@町田

「注文をまちがえる料理店」を終えた6日後。

僕たちは東京の町田市にいました。

町田市がNPO法人などと共催した認知症の啓蒙啓発イベントで、とある有名なカフェチェーンとコラボした「注文をまちがえるカフェ」を実施するためです。

6月のプレオープンの後から、町田市、NPO法人、カフェチェーンと話し合いながら進めてきた企画です。

町田市で暮らす認知症の状態にある方がホールスタッフとなり、彼らをサポートするのは町田市内の介護事業所のメンバー。

カフェチェーンも町田市内の店舗を統括するマネジャーさんが参加する、まさに町田の町田による町田のためのカフェとなりました。

でも、その過程は大変だったそうです。

介護事業所のメンバーによると、認知症の状態にある方やそのご家族の中には、「認知症の人を笑い者にするつもりか」「絶対にこんなことには参加しない」と怒り出す方もいたといいます。

僕たちは何もいえません。

町田の人たちが本気でやろうと思って動き出しているわけで、あくまでもこのプロジェクトの主役は町田の人たちなのです。

僕たちはロゴの提供、メニュー表やオーダー票、カフェの主旨を説明したブックレットの作成を進めたり、運営上注意した方がいい点や、大切にした方がいい点をお伝えするサポート役に徹しました。

一時は開催も危ぶまれた「注文をまちがえるカフェ」ですが、町田市のみなさんが1か月以上かけて何度も何度も話し合いを重ね、10人以上の認知症の状態にある方が参加することになりました。

最後は、みなさんが「認知症のことをもっと知ってもらいたい」という一心でまとまったと聞きました。

少しずつ、ただ確かな広がりを見せはじめて

迎えた当日。

イベント会場には長蛇の列ができました。最初は表情の硬かった認知症の状態にあるホールスタッフの方々も接客をしていく中で自然と笑顔がこぼれていきました。

その様子を見ていたご家族の一人が「認知症の症状が進む中で、おじいちゃんのこんないきいきした表情を久しぶりに見ました」といって号泣されていました。

すべての商品が、予定より30分ほど早く売り切れるほどの盛況ぶりで、カフェが終わった後には、その日初めて会ったホールスタッフ同士が肩を抱き合い「また会いましょうね」と話していました。

それを見た介護事業所のメンバーは「（認知症の状態にある）ホールスタッフのみなさんにとって、今日のこの〝疲労感〟がいちばんの報酬だと思います。こんなに心地よい疲労感を得られて、みなさん今夜はぐっすりですよ」と嬉しそうに話してくれました。

「注文をまちがえる料理店」は、少しずつではありますが、でも確かな広がりを見せはじめているのです。

僕が今、考えていること

最後に、これから先の「注文をまちがえる料理店」について、今、考えていることを少しだけ書いておこうと思います。

まず、一年に1、2回はイベントとして日本なのか世界なのか、どこかでやっていきたいなと考えています。

よく経済界の方からは、「これをきちんと経済の仕組みに組み込めたら、本当に大きなインパクトを出せるよね」とアドバイスをいただくのですが、ちょっと僕にはそれが考えられないんです。

テレビ業界という、ある意味実業とは程遠い世界で働いてきたので、今一つ「経済の仕組み」というやつがわかりません。

「経済の仕組み」と書いている時点で、それがなんなのかよくわかっていませんし、書いていて自分って、本当にその世界に疎いんだなと、ほとほと嫌になっているところです。

やはり餅は餅屋で、そのあたりはいろいろな方のご意見やお知恵などを借りて、おいおいやっていければいいかなと思っています。

ですので、当面はイベント形式でやってみたいと思っています。

でも、そのときはなんらかのバージョンアップというか、チャレンジを加えてやるつもりです。

「COOL JAPAN」よりも「WARM JAPAN」

せっかくですから、さらにもう少し先を見た、ちょっと夢のような話もしてみたいと思います。

僕は2020年に、「老いや障がいに触れるテーマパーク」を作ってみたいと思っています。

子どもたちがたくさんの仕事に触れられる、体験学習型のテーマパークがありますが、その

「老いや障がい」版というイメージです。

認知症という言葉は、とてもよく知られている言葉ですが、僕がそうだったように〝知ったかぶられている〟言葉でもあると思います。

知っているようで、知らない、そういうことって認知症に限らず、たくさんあるような気がしているんですよね。

たとえば、LGBTという言葉もそうです。

発達障害という言葉もそうです。

そういう、みんなに〝知ったかぶられている〟世界を楽しく、エンターテインメントに触れることのできるテーマパークを、作れないかなと思っています。

2020年の東京に、オリンピックやパラリンピックがせっかくくるんだったら、選手村の近くに、そういうテーマパークがあってもおもしろい。

あるいはさまざまな競技場のそばに点在していて、ひょいっと選手もお客さんも誰でも入れるようになっていたら、みんなワクワクしてくれるんじゃないでしょうか。

「注文をまちがえる料理店」をやってから、「WARM JAPAN」という言葉をよく使います。「COOL JAPAN」ももちろん大事だと思うのですが、これから先は「日本ってなんだかあったかいよね」「なんだかほっこり心地良いよね」と思ってもらえることが、大きな価値になっていくのではないかと感じるのです。

僕は何度も、番組を作っていたときに悔しい思いをしてきました。

日本は課題先進国といわれて久しいのに、その解決策を海外に求めてしまったときです。

困っている現場は日本、解決していてハッピーな現場は海外というのは定番の構成でした。

それが本当に悔しくて、なんとか国内にないものかと探したのですが、自分の取材力不足もあってなかなか見つかりません。

そんな中で、「注文をまちがえる料理店」は、自分史上はじめて、日本発の解決策を見つけられた気がしたのです。

「老いと障がいのテーマパーク」はどこまで実現するのかまったくわかりませんけど、少しずつ、でも、本気で動きはじめています。

感謝の言葉に代えて

さて。長い長い、僕の話も終わりに近づいてきました。

ここで、一緒に走り続けてくれた「注文をまちがえる料理店実行委員会」のメンバーにどうしても伝えたいことがあります。

以下、敬称略にて、大起エンゼルヘルプの和田行男、小林由憲、福井幸成、稲見邦子、廣瀬明子、ブーランジェリーエリックカイザージャポン代表取締役の木村周一郎、TBWA/HAKUHODOの近山知史、徳野佑樹、小川貴之、平久江勤、濱田悠、榎木悠太、大柿鈴子、D-Cordの森嶋夕貴、Yahoo! JAPANの岡田聡、箕輪憲良、Readyforの米良はるか、夏川優梨、大久保彩乃、林美輪、NPO法人maggie's tokyo共同代表理事でテレビ局の記者・キャスターの鈴木美穂、NPO法人認知症フレンドシップクラブ理事の徳田雄人、TOW斎藤拓、立教大学の松本彩恵、僕の同僚でもある増澤尚翠（所属先については、2017年6月のもの）。

あたりまえですけど、僕一人では何もできなかったわけで、最高のメンバーと一緒に作り上げることができて、「注文をまちがえる料理店」というのは最高に幸せなプロジェクトだなぁと思います。

そして、吉野家ホールディングスの河村泰貴さん、新橋亭の呉祥慶さん、力の源ホールディングスの清宮俊之さん、ファインフードシステムズの三宅伸幸さん、カフェ・カンパニーの楠本修二郎さん、77会のみなさま、トーマス アンド チカライシの力石寛夫さん、タワシタの佐藤拓也さん、虎屋の黒川光博さん、サントリーの沖中直人さん、アバンティの渡邊智恵子さん、ヤマハミュージックジャパンの佐藤雅樹さん、塚原環さん。

みなさまがいなかったら、と思うとぞっとしますが、みなさまのおかげで「注文をまちがえる料理店」は最高のお料理と環境を提供することができました。

また、医療ジャーナリストの市川衛さん、NPO法人soar代表の工藤瑞穂さん。

お二人の発信が、「注文をまちがえる料理店」を世の中に広げてくれました。心から感謝申し上げます。

最後に、なんといっても「注文をまちがえる料理店」で働いてくださった認知症の状態にある方々にお礼をいいたいと思います。

料理店の中で、どれだけ一緒に笑って、時に涙を流したか。

僕のことを忘れちゃった方もいるかも知れないけど、僕はみなさんのことを決して忘れません。


そして、この本は、僕にとってはじめて書く本でした。

そんな僕を支えて、企画編集をし、伴走（ときに迷走・暴走も……）してくれた、あさ出版の小川彩子さんに感謝申し上げます。

たった二日しか開催していないプレオープンが終わった段階で、本書の企画を僕が日頃から仲良くさせてもらっている、川下和彦さんを通じて持ってきてくれたときは驚きましたが、こうして形にすることができて嬉しく思っています。

また、この書籍企画を通し、見守り、要所要所で適切かつ鋭いアドバイスをくださった、同・佐藤和夫社長にも併せてお礼申し上げます。

そして、あたたかみのあるイラストで本書の世界観を作り上げてくださった須山奈津希さん、第Ⅰ部をライティングしてくれた玉置見帆さん。

おかげで本当にかわいくて、お茶目な本ができました。

皆さんありがとうございます。

広がれ！「てへぺろの輪」!!

さて、「注文をまちがえる料理店」のお話はここまでとします。

これまでのこと、これからのこと、かなりたくさんのことをものすごく主観的に語ってしまいました。

とくに最後のこれからのこと。これはどうなっているかはまったくわかりません。

一年前の今ごろ、まさかこんな本を出すことになっているとは、想像もつかなかったように、来年の今ごろこのプロジェクトがどこでどうなっているかなんて、想像もつかないのです。

ですから今後もし、「おまえ、本でいっていたことと、全然違うことやってるじゃないか！」ということがあっても、そこは目をつぶってくださいね。

「注文をまちがえる料理店」は、〝寛容〟の心で付き合っていただくのがいちばんですから。

さあ、これで「注文をまちがえる料理店」のお話、第一幕はおしまいです。
どうか、てへぺろの輪が広がりますように。

小国士朗

著者紹介

小国士朗（おぐに・しろう）

「注文をまちがえる料理店」発起人
テレビ局ディレクター。

1979 年生まれ。東北大学卒業後、2003 年に某テレビ局に入局。

2013 年に心室頻拍を発症。

テレビ番組を作るのが本当に大好きで相当なエネルギーを注いできたが、それを諦めなければならない事態になり、一時はかなり悩み落ち込む。

しかし、「テレビ局の持っている価値をしゃぶりつくして、社会に還元する」というミッションのもと、数々のプロジェクトを立ち上げ、いつしか局内でもテレビ番組をまったく作らない、おかしなディレクターとして認識されるようになり、ついには専用の部署までできることに。

「注文をまちがえる料理店」はとある取材時に思いついたことを形にしたもの。

好物はハンバーグとカレー。

注文《ちゅうもん》をまちがえる料理店《りょうりてん》　〈検印省略〉

2017年　11　月　9　日　第　1　刷発行

著　者――小国　士朗（おぐに・しろう）
発行者――佐藤　和夫

発行所――株式会社あさ出版
〒171-0022　東京都豊島区南池袋 2-9-9 第一池袋ホワイトビル 6F
電　話　03 (3983) 3225（販売）
　　　　03 (3983) 3227（編集）
F A X　03 (3983) 3226
U R L　http://www.asa21.com/
E-mail　info@asa21.com
振　替　00160-1-720619

印刷・製本（株）光邦

乱丁本・落丁本はお取替え致します。

facebook　http://www.facebook.com/asapublishing
twitter　http://twitter.com/asapublishing

ISBN978-4-86667-029-4 C0030